AF440623

نبذة عن الكاتب

رغدة العزب.. كاتبة ومسؤولة علاقات عامة، ولكنها في واقع الأمر مجرد روح رحالةٍ وراحِلَة. صاحبت الكلمات منذ صغرها، وعاشت في خيالها أكثر مما عاشت في الواقع. دائماً ما كانت ورقتها وقلمها هما أوفى أصدقائها، فهما من ساعداها على مصاحبة ألمها، وآنسا وحشة غربتها، وكانا لها عائلة وصحبة في كل بلد عاشت فيه بعيداً عن أرض الوطن.

اعتادت الكتابة باللغة الإنجليزية، ولها العديد من المقالات التي نشرت في مجلات محلية وإقليمية، كما قضَت العشر سنين الماضية في كتابة الأخبار الصحفية والخطابات بحكم عملها.

خلال رحلتها؛ فقدت الكثير من الأرواح التي أحبتها، وخُذلَت من أرواح كثيرة وثِقَت فيها، ولكنها أَبَت أن تفقد الأمل في الإنسانية،

أو تتنازل عن حبها للحياة، وتمسكت بيقينها عن هذه الأرض، التي فيها ما يستحق أن نحيا لأجله، وكانت تعلم في صميم قلبها أنها يوماً ما ستمتلك الشجاعة لتشارك قصتها مع أرواح أخرى، وتتمنى أن تساعد كتاباتها روحاً واحدة فقط في أن تنجو.. وأن تستنير.

رغدة العزب

وأشرقت شمس

AUSTIN MACAULEY PUBLISHERS™

LONDON • CAMBRIDGE • NEW YORK • SHARJAH

شكر وتقدير

أشكر أبي الحبيب الذي آمن بي عندما لم يُؤْمِنْ بِي أحد وكان وما زال صديقي المفضل وملهمي ومشجعي الأول. ولا أستثني من الشكر صديقاتي المقرَّبات اللواتي كنَّ وما زلن بوصلتي الأخلاقية ومصدر دعم لا ينضب وشركاء رحلتي.

" وأشرقت شمس فأنارت الجوانب المظلمة في روحي، وأعادت ترتيب فوضى قلبي، وعلَّمَتْني أنِّي لَمْ أكن يوماً غائباً، ولمْ أكُنْ يوماً حاضراً، فطالما كنت الغائب العائد الذي إذا عاد ظنوا أنَّه لن يرحل، وإذا رحل ظنُّوا أنه لن يعود".

مرحلة المنتصف

"تلك اللحظات الطويلة التي تظن أنها لن تنتهي، تلك الأنفاق المظلمة التي تغريك للاستسلام، تلك الغصات التي تنسيك الرغبة في المقاومة، هي التي تنيرك، هي التي تصنعك وتعيد خلقك لترى الحياة من نافذة جديدة. اِتَّبع البصيص، أبقِ عينيك على الشرخ فمنه يتسلَّل النور. تمسَّك بإيمانك فهو السفينة التي ستنقذك. تجاهل خوفك فهو الثقب الذي ستتسلَّل منه مياه الغرق".

لا أدري يا شمس، أشعر بأني في منتصف كل شيء وأشعر بأنصاف كل شيء. أنا في منتصف الحب وفي منتصف تحقيق الذات في العمل وفي منتصف الكتابة. وبكلمة منتصف لا أعني أني في منتصف الطريق إلى تحقيق الهدف، بل بأني في منتصف الطريق المؤدي إلى العدول عن تحقيق الهدف.

بداخلي فيضان من الكلمات يأبى أن يكشف عن نفسه لأحد سواك. أتمنى أن أنظم هذه الفوضى التي بداخلي حتى أتمكن من شَرحِها لأي إنسان. الحيرة تعيش بداخلي يا شمس كمرافق مهما ساومتها على الرحيل لا توافق. لا أدري إن كنت محتارة لأن الاختيارات متعددة، أم لأني أخشى الاعتراف بما أريد. لا أدري إن كانت عدم معرفة ما أريد أسهل أم معرفته والهروب منه أسهل.

أرفض أنْ أستسلم ولكني أتوسل لنفسي أن تسمح لي بالاستسلام. أتوق لبداية جديدة وأتوسَّل لنفسي أن تستجمع قواها لنحاول من جديد ولكن هذه النفس العصية الثائرة من

يستطيع أن يروضها؟ أتدرين يا شمس – لقد وجدت الإجابة –
أنا نفس حائرة.

أتعلمين يا شمس – المشكلة الأكبر هي أنني أخشى أن ترحلي
وهذا هو ما يؤرق روحي فأنت دائماً تظهرين في هذه الأوقات.
تظهرين عندما تتضارب الأفكار وتتزاحم المشاعر وتظلم
الطرقات، تظهرين فتصاحبينني وترتبين فوضى قلبي وتتركيني في
حيرة من أمري – هل أشعر بالامتنان لأنك ظهرتِ مِنْ جديد، أم
أشعر بالخوف لأنكِ رحلتِ من جديد؟ كلَّما ظننتُ يا شمسُ أنّي
رتبت شتات فكري، وأني صاحبتُ قدري ووجدت ضالَّتي، تتفنن
الحياة في أنْ تثبتَ لي أنني مهما عرفتُ لا أعرف، وأنني مهما
استَنَرْتُ ستظلُّ هناك ظلمة في جوانب من روحي.

يجتاحني الآن إعصار من الذكريات وتأخذني ذاكرتي إلى يوم
لقائنا الأول، ومع هذه الذكرى يدخل قلبي فيضانٌ من المشاعر
المتضاربة. لا أدري ما نوع الإحساس الذي يجب أن أشعر به. هل
أشعر بالراحة لأن هذه اللحظة في حياتي مرَّت بدونِ أنْ تدمِّرني
وتحولني إلى بقايا إنسان، أو هل المفروض أن ينقبض قلبي
وأشعر بسوء حظي لأن القدر كتب على قلبي الضعيف أنْ يمرَّ
بهذه التجربة؟ لا أذكر التاريخ ولا اليوم ولكني أذكر... أتذكرني
كأني كنتُ شخصاً آخر، فتاة في الرابعة عشرة من عمرها،

فقدَتْ أُمَّها في أحداثٍ يتخللها الغموض أكثر مِنَ الحُزن، وتسيطر عليها الصدمة أكثر من الأنين. فتاة صغيرة كانت أُمُّها هي بوابتها للدنيا، لا تعرف كيف تجدل شعرها بدون أمها، وفجأة رحلَتْ هذه الشمس التي كانت تنير حياتَها بدون سابق إنذار وبدون تحذير، واضطر أبوها أن يتزوج بعدها بفترة قصيرة لِصِغَر أخواتها، وحان وقت التخلص من بقايا هذه الشمس. حل الظلام على غرفتي، هذه البقعة من العالم التي كانت تنبض بالحياة والدفء. جلستُ على الأرض في (فرندة) غرفتي في الظلام أبكي أُمِّيَ وتجتاحني نوباتٌ من الحيرة. شعرت أنَّ الحياة توقفت في هذه اللحظة وأنَّ السعادة لن تدخل حياتي مِن جديد. كنت أرى الضحكة ذكرى بعيدة تفصِلُني عنها أطنانٌ مِنَ السنين، وتغيرت حياتي من الطفلة المدلَّلة التي يتمَحوَر اهتمامها حول نفسها إلى فتاة في المنتصف؛ لا هي بالغة ولا هي بريئة، وكانت هذه هي المرة الأولى التي تُكَشِّر فيها الحياة لي عن أنيابها. كنتُ روحاً غريبة لا تنتمي ولا ترغب أنْ تنتمي، وتوالت سنون الظَّلام والشعور بالغضب والنقمة على القدر، حتى ظهرتِ أنتِ يا شمسُ للمرَّة الأولى، ظهرتِ فكشفتِ الغمامةَ، وأنرتِ الظلمة، وأعدتِ الدفء إلى أناملي، وشعور العِرفان إلى قلبي النّاقِم الرافض الذي فضَّ كل جلسات الصلح التي حاول القدر أنْ

يعقِدها معي. جئتِ فصالحتِني مع القَدَر، وعلمتِني أوَّلَ درسٍ منذ أن أشرقتِ وهو أنَّ: "**الأرواح المنكسرة هي الأرواح المستنيرة**" هي الأرواح التي حالفها الحظ أنْ تفهَم مغزى الرحلة وأنْ تفكَّ شفرة الوجود. علَّمتِني أنَّ هذه الأرواح ليسَتْ الأرواح الملعونة، بل الأرواح المختارة التي يختار القدر أنْ تُكسَر لتدخل بين طيات هذه الشروخ، شمس الاستنارة، وهذه الأرواح هي التي كُتِبَ عليها أنْ تنير ظلمة هذه الأرض.

تعلَّمتُ أنه لو لَمْ تَمُتْ أُمِّي، ولو لَمْ أمرَّ بهذه التجربة القاسية ما كنتُ سأصير ما أنا عليه اليوم! علَّمتِني أنَّ تمنياتي لها بالبقاء كانت أبلغَ معاني الأنانية. كان مِنَ الأفضل لها الرحيل، وكان يجب أنْ أتمنَّى لها رحيلاً آمنا. علَّمتِني يا شمس **أنَّ الحب يحررنا ولا يقيُّدنا**، وهذا ما ساعدني على التغلب على مرارة الفراق. حُرِّرَتْ روحها لتُصبِح أخفَّ وتطفو وتُكمِل رحلتها في عالمها الخفي الذي لم أكتشفه بعد. علَّمتِني أنْ أبحث عن رسائل القدر في صناديق الظلام، وألَّا أكُفَّ عَن انتظار نور الشمس في أحلك الليالي. علَّمتِني أنْ أُبقي نظري على النافذة طوال الوقت، وأنْ أرى الرَّحمَة التي تصاحب أقسى أنواع القدر، وأصبحتُ أبحثُ عَن الحكمة بدلاً مِنَ النِّقمة.

لو لَمْ تفارِقْني أُمّي، والتي كانَتْ روحي، ما كان سيُقَدَّرُ لي أنْ تولَدَ لي روحي الجديدة التي تعرَّضَتْ إلى النور. بفضل هذه الكَسْرَة عَرَفْتُ قيمةَ الوقتِ، وتعلَّمْتُ أنْ أُسَخِّر حياتي في تمضية الوقت مع المقربين لي، واختَصَرَتْ عليَّ هذه اللحظة الكثير من الأشياء التي كنت سأندم عليها وأنا على فراش موتي. **اختَصَرَتْ عليَّ النَّدَم على اللحاقِ بالأشياءِ لا اللَّحظَاتْ،** اختصَرَت عليَّ النَّدَم على عَدَمِ الاعتراف بحبي عندما كان يجب أنْ أعترف به، اختصَرَتْ عليَّ النَّدَمَ على ملاحقة حسابي في البنك بدلاً مِن حسابي في قلوب الناس. وعندما أشَرَقَتْ – الشمس – علَّمَتْني أنَّ **الله يعطي أكبر معاركه لأقوى جنوده،** وإنْ لَمْ أكُن بهذِه القوة ما كان كُتِبَ عليَّ أنْ أخوضَ هذِه المعركة، فتعلَّمْتُ أنَّ المُرَّ سيمرُّ، وأني لستُ ضعيفة، وأن النهار آتٍ لا محالة.

واستحضرتني لحظة في آخِر لقاء لنا – اللحظة التي كُسِرتُ فيها كسراً كنت أظن أنَّ لا جبيرة قادرة على علاجه، ولا عُكَّاز يستطيع أنْ يعيد إليَّ توازني بعده، وغرقت في أيام من الظُّلمة الحالكة، وطال انتظارِك يا شمسُ ولَمْ تأتِي، وبدأ الأمل يتسرب مِنْ قلبي ويغادره شيئاً فشيئاً، وشعرت بأني في المُنتصف مرَّة أخرى. في منتصف الطريق إلى الاستسلام، في منتصف الطريق المؤدي إلى العزلة وإلى فقدان طعم الحياة، وبدأ جسدي في

الخمول، وتراجَعَتْ إرادَتي عَنِ المقاومة، وبدأ عقلي في التخلي عَنِ الإيمان، وبدأ قلبي يشعر بالذعر ويشعر بضعف موقفه تجاه عقلي وفشله في إقناعه بالتمسك بالإيمان.

تلك اللحظة – لحظة الخديعة – التي زُفَّ إليَّ فيها خبر الحب الزائف، عندما اعتقدت أنَّ الحظَّ حالفني، والحب صالحني، وأنِّي وجدتُ رفيق الرحلة. عندما ارتديت هذا الفستان ووقفتُ أمام تلك المرآة واعتقدتُ بسذاجة أنَّ لحظتي قد حانت، وأن أيام انتظاري قد ولَّت. تلك اللحظة التي انهارت بعدها كل الثوابت التي تبقي سفينتي في مرساها. اللحظة التي اكتشفتُ فيها أنَّ الحبَّ قد خانني كالعادة، وأنه كان إنذاراً خاطئاً بسعادة زائلة لَمْ يكتَب لها أنْ تدوم. تلك اللحظة التي لَمْ أُخدَع فيها فقط في الحب، بل أيضاً في الصداقة. انهار عالمي ورحلَتْ عنّي ضحكتي وأبى يقيني أنْ يبقى معي واستسلمتُ. استسلمتُ لكلِّ صوتٍ كانَ بِداخِلي، يضحَكُ على خيبَتِي وسذاجتي ويقول لي: "هل جُننتِ؟ أنتِ لَمْ يكتَبْ لكِ الحبُّ والسعادة – لا حظَّ لكِ – أنتِ لستِ كبقيةِ البنات اللواتي واعدَهنَّ الحب ولَمْ يَخْلِفْهُن، أنتِ والحب خِلفُ خِلاف، أنتِ والاستقرار أعداء منذ رأيتِ نور الدنيا وأنتما لا تتفقان، أنتِ رحّالة، قدرِكِ أنْ تكوني رحّالة، تجوبين بقاع الأرض بلا ميناء ولا مرسى، اِقبَلي واستسلمي؛ وَافِقِي وارضَخِي؛

وابلعي هذه الحبة الصعبة البلع؛ تعايشي مع الواقع؛ في الأقدار حلاوة لم تكتب لك". وعندما رضختُ ورفعتُ رايتي لتلك الأصواتِ وبدأت الألوان تتسرَّب مِنْ حياتي، وبدأ الأمل يهُوُن ويهوُن ولا يقوى على مساندتي، طرقَتِ بابي يا شمسُ.

طرقتِ بابي مجدداً وفتحتُ لك والدموع تملأ عيني، ورؤيتي مشوشَّة. احتضنتُكِ وقلتُ لكِ هذه المرة لن تستطيعي يا شمسُ، لَمْ أعُد كما كنتُ، وهذه ليست استراحة محارب كالعادة؛ بل هذه نهايته. تجاهلتِني وتجاهلتِ رفضي ومقاومتي، ودفعتِني لأُغادِر هذا السرير، وناولتِني فنجان القهوة على أملِ أنْ ينتشلُني مِنْ هذه الحالة المستعصية، وقلتِ لي: "انهضي وانفضي تراب اليأس مِن قلبكِ وتحسَّسي مكانَ الكَسر، مكانَ النُّدبة، مكانَ الشَّرخ، أترين أين هو؟".

فجاوبتُ وقلتُ: "نعم".

فقلتِ: "الآن يمكننا أنْ نتحدَّث". وأكملتِ قائلة: "أخَدَعَك الحب؟ أمْ أنتِ خدعتِ نفسكِ بتسميته حبًّا؟ أكَذَبَ عليكِ، أم أنتِ اخترتِ أنْ تصدِّقيه؟ وما هو الحظ الذي تفتقدينه؟ هل الحظ لحظة؟ فستان ترتدينه أم حصان تمتطينه؟ اختصرتِ معنى وجودكِ في هذه اللحظة، اختصرتِ انهزامكِ وانتصاركِ، وقوعَكِ ونهوضَكِ، اختصرتِ كلَّ هذا في هذه اللحظة! اختصرتِ

نجاحَكِ وصمودَكِ، ضحكاتِكِ ودموعَكِ، آلامَكِ وابتسامتَكِ في هذه اللحظة، أعلنتِ الحربَ على نفسِكِ وهزمتِها مِنْ أجل لحظة... وما معنى الحب؟ ما هو الحب الذي ادعيتِ أنَّ القدَرَ سلبكِ إياه؟ وما هذا الهراء عَنْ قَدَرِكِ كرحالة؟ لماذا أطلقتِ هذا اللقب على نفسكِ؟ ألسنا جميعاً رحالة في هذه الرحلة؟ أنسيت أنَّ الذي لَمْ يغادر ولَمْ يغامِر كفيف؟ الغربة هي المصباح – وُلِد الإنسان غريباً، وسبيله الوحيد لمعرفة نفسه هو أن يعود غريباً – في لحظة الغربة نختبر– في لحظة الغربة يتسلل ضياء المعرفة إلى مداركنا ونعرف من نحن ولماذا نحن هنا؟".

الحبُّ هو أنْ تشعُرَ الرُّوحُ بأنها ليسَتَ غريبة، أنْ تشعُرَ الرُّوحُ بالأُلفَة، وأنْ تشعُر بلذَّةِ الصُّحبَة. الحبُّ يحررنا من قيود الخوف مِنَ المجهول لأنه يشعرنا بأننا نستطيع أنْ نجتاز المراحل المظلمة في الرحلة، ليس لأن الروح الأخرى وصلَتْ إلى قِمَّة الاستنارة، بل لأن دفء الصحبة سينسينا برودة انتظار تجلِّي المعرفة والحكمة. إنَّ الوهم بالحب أخطر مِن فقدانه وعدم الحصول عليه. الوهم بالحب يزيد شعور الروح بالغربة ويصيبها بالعجز عن رؤية النور فهو يكبتها ويقيِّدُها ويُحبِطُها وتظلُّ الروح

في حالة يأس دائمةٍ من شعورٍ تتوق إليه، ومن المفترض أنْ تشعُرَ، به ولكنها لا تحصُل عليه.

فهل حررك ذلك الشعور الذي ادَّعيتَ أنه الحب؟ هل شعرت بالأُلفَة؟ هل مدَّ لكَ طوق النجاة في الليالي التي فقدتَّ فيها التواصل مع نفسك؟ هل أنار طريقك في الأيام التي ضلَّت فيها روحك العنوان، وتعذَّر عليها الوصول لبرِّ الأمان؟ إذا كانت إجابتك لا، فالحبُّ لَمْ يخدعكِ بل أنتِ خدعتِ نفسكِ. فعندما طال عليكِ الانتظار في طريق لَمْ تعتادي السير فيه بدون رفيق، اخترتِ تسمية عابر السبيل الذي صادفك بأنه رفيق. وبدلاً مِنْ أنْ تري الأمور على حقيقتها، رأيتِها كما تمنَّيتِ أنْ تكونَ في تلك اللحظة – التمني! ما أخطر التمني! فهو الغمامة التي تشوِّش بوصلة الروح ونفاد الصبر، هو ناقوس الخطر الذي يدق فيُعلِن عَن بدايةِ الدخول في رحلة تائهة ليس لها نهاية. ولكن يصاحب هذه التوهمات بالحب والألفة نوع فريد من الاستنارة، فهذه الرحلات هي التي تكشف الستار عن حقيقة الروح وتعرِّفُنا مَنْ نكون. وهناك القلائل من المحظوظين الذين يلفظون فيروس الوهم مِن أرواحهم ليفسحوا المكان للألفة الحقيقية بأنْ تدخل حياتَهم. فأي حظ هذا الذي تفتقدينه؟ لقد نجوتِ! لقد نجوتِ مِن سنوات الحيرة، سنوات الوجود في أماكن لا تريدين أنْ تكوني

فيها، من محادثات لا ترغبين في أن تكوني جزءاً مِنها، مِن أحلامٍ لَمْ تكُن يوماً أحلامكِ، وأيامٍ كانت ستكون عكس ما أردتها أن تكون. لقد تحررتِ من سيطرة كذبة على السنين الآتية مِنْ حياتِك، ومَع هذا التحرر حافظتِ على فرصة اللقاء، لقاء الروح التي تنتمين إليها وتنتمي إليكِ.

وبعد هذه المحادثة يا شمس تغيَّرَت حساباتي، وأدركتُ كَم أنا محظوظَة، بعد أنْ أقنَعَني عقلي بأنِّي ملعونة، وأنِّي لَمْ يُقَدَّر لي أنْ أشعُرَ بالكثير مِن حلاوات القدر التي قُدِّرَت لغيري وفهمتُ بأنَّ كلَّ شيء في هذه الرحلة له ميعاد وأنَّ استباق الميعاد لن يفيد؛ فالرحلة موقوتة الحكمة ويجب أن نحترمها وحتى إن لم نفهمها.

آآآآه ليس مجدداً! اليوم وجدتُه وفقدتُه يا شمس، يجلس وهو ناظرٌ إليَّ وكأني لوحة فنية لا يستطيع أنْ يفهمَ فحواها ويعجزُ عن فهمِ ما كان يدور في مخيلة الفنان عندما رسَمَها، ولكنه يجدها فتَّانَة؛ أرى عينيه وهُمَا تتوسَّلان إليَّ أنْ أقول شيئًا، ولكن ما هي قصتكِ يا إسطنبول؟ دائماً أهرب منكِ وتجدين أساليب جديدة في إجباري للعودة إليكِ، لطالما وجدتك مدينة قاسية، ولكنكِ قبلتِ التحدي وقررتِ أنْ تقدمي لي الحبَّ الوحيد الذي أجبَر قلبيَ على أنْ ينبِض، ودفع روحي إلى أنْ تخاطر

بقلبي في أقسى الأيام التي كنت أعيشها فيكِ. سحرُ ذلك اليوم أمام البرج الذي يسمونه "برج الفتاة" على البوسفور وهو يحكي لي القصة وكل ما أفكر فيه هو شيء واحد: "لماذا كُتِبَ عليَّ أنْ أُجرِّبَ كل هذا السحر الذي أعلم أنه لن يدوم؟" هو يفكر ما إن كنت أبادله الشعور وأنا أفكر بأني لن أعود إلى إسطنبول مجدداً؛ هو يحكي عني لأصدقائه وأنا أخبئه بين طيّات أوراقي وقلبي، ولمْ أتحلَّ بالجرأة لأكشِفَ سرَّنا لأحَد، ولكن كالعادة، أنتِ دائماً الاستثناء للقاعدة يا شمسُ. قرأت له بعض رسائلنا؛ لا يفهم العربية ولا أفهم التركية، ولكننا نتواصل باللغة الإنجليزية. كنت أترجم له رسائلنا وكان يقع في حبي أكثر وأكثر، ولم يجدني مجنونة أو فاقدة للعقل، بل تفهَّمَنِي وقال لي: "اليوم سألعب درو شمس في حياتك".

فقلت له: "شمسُ دائماً تنصحني، فما هي نصيحتك لي اليوم؟".

قال لي: **"لا تفقدي الأمل، وآمني بأنَّ الحُبَّ دائماً ينتصر".**

ولكن كيف سينتصر ما بيننا؟ كيف سينتصر والبحار والمسافات والخلافات السياسية وطموحي يفرِّقُنا؟ هل فعلاً وجدتُ توأمَ روحِي أمَ هذا ما يطلقون عليه حلاوة البدايات؟ لا، لا، ما اختبرته معه لم أختبره مع أحد. أراه كل يوم وأُقول لنفسي:

(هذا هو اليوم الأخير، لن أسمح لنفسي أنْ أغرق في هذه التجربة التي ستزعزع استقرار نفسي المخلخل)، ولكن هناك قوة أكبر مني ومنه تسيطر عليَّ وتتخطى كل الحواجز، حواجز اللغة والسياسة وحواجز الوقائع وتأخذنا لنعيش حلماً محرَّماً سيتحوَّل إلى أكبر طعنة سنأخذها في قلوبنا الجريحة. نعلم أننا نخاطر بما تبقى فينا مِنْ روح، ولكننا نواصل ونحن على علمٍ بما سنعاني منه نتيجةً لهذه المخاطرة التي لا تستطيع أرواحنا أنْ تقاومها. وعقلي، عقلي في سبات لا يريد أنْ يأخذ قراراً، قراراً يحميني. عقلي يدَّعي أنه يفكر ويأبى العدول عن المقامرة. كل ذرة في جسدي ودمي تريد أن تبقى معه ولكن كيف؟ لماذا لم أقابله إلا وأنا في المنتصف؟ وهأنا في المنتصف مجدداً، أهذا قدري؟ هل من المفترض أنْ أتصالح مع حقيقة أني سأعيش طول عمري سجينة هذه الذكريات؟ المنتصف مجدداً! يا إلهي هذه لعنتي! حتى أنت يا شمسُ لا تقولين شيئاً؟

مفاجآت القدر

"العطايا والخبايا"

يسوقُني القدر إليكِ يا شمس، كلَّمَا عدَلتُ عنْ كِتابة قصَّتِنا وحاولتُ أنْ أُلهي نفسي عنها، يُغلِقُ القدَر في وجهي كلَّ مخارج الهرب، ويضع أمامي قلمي وورقتي. يجبرني على مصالحة أصدقائي القدامى "القلم والورقة". أتعلمين يا شمس، لقد توقَّفتُ سنيناً عَنِ الكتابة، في الواقع لَمْ أَعُد أتذكَّر إنْ كنتُ سردتُّ لكِ هذه القصة أم لا، ولكنكِ لا تملِّين في كل الأحوال. أشعر برغبة عارمة في سرد هذه القصة مجدداً لأنها لا تنفكُّ في التكرار بأشكال مختلفة وفي أزمنة مختلفة؛ فقط يختلف اسم السجَّان ولغته وشكله وتختلف كيفية سجني وأسباب حبسي وتهمتي الملفقة. أجنحتي يا شمس، أجنحة حريتي دائماً تؤرقهم، صوتي يا شمس، صوتي يخيفهم، لا أدري لماذا!! لماذا يقع العدل بهذا الشكل على أسماعهم؟ ألا تلوذ جميع الأرواح إلى العدل؟ ألا تشتهي كل الأرواح السلام؟ كلما رأوا أجنحتي صمموا على قصقصتها، وكلما علا صوتي أصروا على حبسي بين أروقة زجاجية كاتمة للصوت، وتقودني هذه التصرفات إلى نفس

النهاية القدرية، إلى أن أختار ما بين هويتي وحرية روحي، وما بين محافلهم ومجالسهم. لا أدري يا شمس، دائماً ما يغالبني إحساس بأني لا أنتمي إليهم، بأنّي سأخونُ روحي إنْ حاولتُ أنْ أشبههم. أحياناً أشعر أنني فقط أمتلك نفساً متعالية تشتهي تصديق أنها مختلفة. لا أدري يا شمس هل أنا مختلفة أم أنا مدَّعية؟ أنا لا أكترث لمناصبهم. أعلم أني جزء منها بجسدي ولكنها تؤرق روحي.

في الواقع لا أدري إذا كنتُ كاتبة حقيقية أم لا؟ ولا أستطيع أنْ أؤكد أنَّ تصفيقات معلمة التعبير في المدرسة والمقالات التي كتبتها عَنْ كيفية تخطِّي هجرِ الحبيب في المجلّات التجارية دليل على أني أمتلك الموهبة أم لا، ولكن ما يعلمه قلبي وتوقنه روحي هو أني لا أجد ملاذي إلا في الكتابة، وأنَّ الورقة والقلم هما أوفى أصدقائي، وأنَّ الكلمات هي قدري، فكلَّما حاولت أنْ أهجرها، وكلما قاومتُ نداءات القَدَر، ينتهي بي المطاف في مكان ما مع قهوتي وقلمي وورقتي.

رَحَلَتُ بعد الثورة، وخاصَمَني قلمي وورقتي، وتخلَّتُ عني كلماتي؛ فقد شعروا بنفاقي، وشعرتُ بخجلي منهُم ومِن ذاتي. ساندتُ قضية آمنتُ بنبلها، وعشقتُ القِيَم التي أسَّستُ عليها العدل والكرامة والحرية، وخدعَتْني سذاجَتي في أنْ أظنَّ أنّي مع

الطَّرَف المنتَصِر، فأنا مع الخير. ولكن منذ متى وقوى الخير تنتَصِرُ في الصِّراع الأبدي المحتَّم على البشرية أنْ تخوضَه. أعلمُ يا شمسُ ما تشعرين به، وأرى نظرة الإحباط في عينيكِ، لأننا ناقشنا هذا الموضوع في السابق؛ فأنا أتذكَّر ما علَّمتِني إياهُ، ودائماً ما كنتُ تلميذةً مخلصة لكِ، وأنتِ تعلَمين ذلك، ولأثبت لك ذلك سأعيد على مسامعك ما قلتِه لي مسبقاً: "لدى البشر مفهوم خاطئ وساذج عَن قِوى الشَّرِّ والخير، فهم يعتقدون أنَّها في صِرَاع، أنها أضداد، وأنَّ على أَحَدِها أنْ ينتَصِر، ولكن في الحقيقة: هذه القوى لا تتواجه كما يظن الجميع، هذه القوى تتوازى، ففي نفس اللحظة التي يمسك فيها جندي مغتصب سلاحه ويفتك بقلب طفل، يكون هناك طبيب في مكان آخر مِنَ العالَم يتحدَّى العِلمَ والزَّمَنَ لينقذِ طفلاً آخَرَ بالمجَّان، وسبب وضوح الشرِّ وظنُّ الجميعِ أنَّه ينتصر؛ هو طبيعة عمله، فهو يعمل في النور ويتعمَّد العمل في النور لأنه ضعيف، وأسسه مخلخلة، لذلك يعتمد أساليب البروباجندا؛ ليرهب الناس من مواجهته لأنه يعلم أنه لا يقوى عليهم. بينما الخير يعمل في الخفاء لأنه ليس لديه ما يثبته ولكنه لديه ما يحققه أو ما ينقذه وفي العادة غالباً يشغل الخير بهذه المهمة، ولذلك لا يمتلك الوقت للظهور في النور، فالخير يعرف أنه في

اللحظة التي سيخرج فيها إلى النور سيتشتت ويضعف ويتلوث بالمصالح الشخصية وبحب الشهرة. يعمل الخير في الظلام لأنه يخشى على روحه من الفساد".

وعندما فشلت الثورة في تحقيق مطالبها وعادت قوى الخير إلى ثكناتها، رَحَلْتُ، استسلمتُ وبايعتُ الحياةَ الأخرى. هذه الحياة التي ترهق روحي وينفر منها قلمي، بايعتها لأهرب ومِن ثمَّ خجلتُ مِن ضعفي، مِن جُبني، فقرَّرتُ أنْ أعاقبني وأحرم نفسي من ملاذي الوحيد "الكتابة" وكذبتُ على نفسي. كنتُ في حاجة لهذه الكذبة لأستطيع أنْ أحافظ على ما تبقّى من احترامي لنفسي. أقنعتُ نفسي بأني أقسمتُ ألا يكتب قلمي عن شيء آخر غير الثورة، وأوهمت نفسي بنبلها وبراءتها وادَّعيت أنّي ضحَّيتُ بموهبتي لأُخْلِص لذكرى الثورة، ولكن في الواقع فقَدْ ضحَّيتُ بالثورةِ لأُخْلِصَ للحياة التي تباعُ لَنَا في التلفاز ومواقع التَّواصُل الاجتِماعي، ثمَّ جئتِ أنتِ يا شمسُ وأجبرتني على كتابة هذه الرسائل، وحينما تحسَّستُ القَلَم والورقة، أدركتُ أنّي حرمتُ نفسي مِنْ شيءٍ لا أقوى على مقاومته، وأدركتُ أنِّي أغشُّ نفسي وأخدَعُها، وأنِّي أخشَى الفشَلَ، أخشى أنْ لا يقرأ رسائلنا أحَدْ. ومِنْ ثمَّ سألتِني السؤال الذي غيَّر مسارَ أفكاري، والْتَهَمَ ظُلْمَة أوهامي: "هل تحكينها ليقرأها الناس، أم تكتبينها لأنَّك تستمتعين

بكتابتها؟" فجاوبتُ: "أكتُبُها لأني مقتنعة أنه مِنَ المُهِمِّ أنْ نُشارِك الناس النُّور الذي رأيناه. رؤية النور مسؤولية، فمن يراه يتوجَّبُ عليه أنْ يشارِكَه. وحتَّى بعدَ هذِه المحادثة المُقنِعة قررتُ الهروبَ مرةً أخرى. أقنعتُ نفسي أني سأجد ملاذي في الوظيفة الجديدة التي تقدَّمتُ للحصولِ عليها، أو بإعلانِ الحُبِّ الجديد الذي دقَّ بابي وأنا في إسطنبول. وعندما استشعر قدري نواياي، أغلق الأبواب في وجهي، وهشَّم قلبي الضعيف الساذج الذي يُصدِّق كُلَّ الوعودَ الهاوية، ووجدتُ نفسي مجددًا في صُحبَة أصدقائي القدامى، وفهِمتُ رسالة القدر. لقد كُتِبَ لي في الصُّحفِ وفي طيَّات النجوم أنْ أقابِلكَ بغير ميعاد، وأفارِقَكَ بغير ميعاد، وأنْ أكتبَ عنكَ أيضاً بدون اختيار، هذا الميعاد الذي قُدِّر لي كما قُدِّر لي ألَّا أتَّفِقَ مع السُّلطَة، وأنْ أُعادِي المصالِح، وأنْ أكونَ الشخصَ الذي يجتهد ويكدح ولا ينال العلا لأنه دائماً ينجذب للفئة المهزومة، الفئة التي تطالب بالعدل وتأبى أنْ تَسْتَسلِم لممارَسَة القوة على مَنْ هم أضعف، وتأبى أن تصفق للمنافق في آخر خطابه.

أدركت أنني لن أحقق ذاتي من خلال مؤسساتهم ولذلك استعنت بأصدقائي القدامى، وقررتُ أنْ أحقِّقَ ذاتي من

خلالهم، فلا صوتي يرعبهم، ولا أفكاري تزعجهم، ولا مبادئي تصرفهم عني.

أعلمُ أنكِ قلتِ في بداية هذه المقابلة إنَّ هذه جلسة استماع فقط، وأنَّكِ لن تردي على أي سؤال اليوم، وأنك تريدينني أنْ أبحثَ عَن الحِكمَة في الرحلة أولاً، ومِنْ ثمَّ آتي إليكِ، ولكن سأسألُكِ هذا السؤال يا شمسُ، وأتمنى أنْ أجِد إجابته، أو أنْ تساعديني في إيجاد إجابته لاحقاً: لماذا قابلتُه يا شمس؟ لماذا صدَّقتُه؟ ولماذا سَحَرَني؟ فإنْ أخطأتُ أنا وإن أخطأ هو ــ سِحرُ الأرواحِ لا يخطئ ــ أعلمُ أنَّه كذبَ عليَّ وأنه رسم لي لوحةً جميلة لحياتنا بألوان باهتة سريعة الذوبان، ولكن لماذا في هذا التوقيت الذي كنتُ صالَحتُ فيه انهزامي في حلبة الحب. لماذا عاد ليوقظ بداخلي أحلاماً كنتُ بنيتُ بينَها وبين قلبي حواجزَ؟ هل يستحق أنْ أكتبُ عنه في رسائلنا؟ هل يستحقُّ أنْ يأخُذَ حَيِّزاً من وقتنا وتفكيرنا. الإجابة: لا.. ولكنّي ما زلت أبكي، وما زِلتُ أحكي وما زِلتُ أكتُبُ وما زِلتُ أشعُر.

ويأتِي السؤال الثاني: هل المطالبةُ بالعَدلِ جريمةٌ يجب أن أعاقب عليها مدى الحياة؟ هل المطالبةُ بإيقاف جريمة تجاه الحرية والقِيَم ونقاء الإنسانية في حدِّ ذاته جريمة؟ لا أدري ماذا يجب أنْ أقول. لا يريد القلم أنْ يكتب أكثر مِن ذلك الآن عن هذا

الموضوع. ولكن ما أعلمُه أنَّ كل هذه الأحداث تُحضِرُني لشيء ما، تؤدّي إلى طريق ما، تدفعني إلى سلوك دربٍ ما.

القدر يا شمسٌ، الجندي المجهول الذي يعمل في صالحنا جميعاً، وغالبا ما نسيء فهمه ونسيء الظن في نواياه ونلومه على كل شيء، على انكساراتنا وعلى انهزاماتنا، على معارك خضناها وكنا نعلم أننا الطرف المنهزم فيها، على قلوب كنا نصر على التعلق بها ونحن نعلم أننا نتعلق بسفينة مثقوبة سيدخل الماء إليها في أية لحظة ليغرقها ويغرقنا. لمناه على لحظاتٍ كان يغمرنا فيها الأمل في غير محله وعلى لحظات حتى الأمل تبرأ منَّا فيها، تلك اللحظات في أروقة المستشفيات وفي صالات المغادَرة في المطارات، اللحظات التي كان يتحتَّم علينا فيها أنْ نكون واقعيين أكثر مِن حالمِين. لمناه يا شمسُ على اختياراتنا الخاطئة ولكنه لا يملُّ ولا ينفكُّ يتدخَّل في الوقت المناسب لإنقاذنا مِن أوهامِنا وتمنياتنا القتالة.

آه، حكايتي مع القدر، اللحظة التي ينكسر فيها قلبي وتبدأ الدموع في التزاحم في عيني ويقتحم الألم خلاياي فيعتصرها محاولًا أنْ يخنق فيها الحياة، هذه اللحظة التي كنت أغضب فيها وأنظر لأعلى وأسأل القدر نفس السؤال: لماذا؟ لماذا أنا؟ لماذا الآن؟ ألم يحن وقتي بعد؟ لمْ أؤذِ أحدًا ولم أظلم أحدًا، لماذا

تواصِلُ الانتقام منّي؟ وبعدها بلحظاتٍ أخرى، بشهور، بأيام، بسنين، أَنْظُرُ بِنَفْسِ العين التي دمعت وبنفس القلب النَّاقِم وأشكره على التدخل، أشكره على إنقاذي.

غالباً ما تخدعنا أَنفُسُنَا المتعالِية وبصيرتنا المشوَّشة في أنْ نظنَّ بأننا نعلَم ما ستؤول إليه اختياراتنا – نظن أننا نريد أشياءَ، وأنها ستُسعِدُنا، ولا نعلم أنَّ هذِه الأشياء يمكِنها أن تدمِّرنا وتعلن نهايتنا. وعندما يتدخَّل القَدَر ليأخذها مِنْ أيدِينا قبل أنْ تدمِّرَنا كما تتدخل الأم بسرعة لتشدَّ مِن يدِ صغيرها الحلوى الملوَّثة قبل أنْ يأكلها. نصرخ ونبكي ونغضب ويختَبَرُ إيمانُنَا، فنكتَشِف كمْ هوَ ضعيفٌ أمامَ مخاوِفِنا، وأمام رغباتنا وأمام أنانيَّتِنا. لكن ترى يا شمس، ما هو السبب وراء ضعفِ إيماننا؟ وما هو السبب وراء قوة مخاوفنا ورغباتنا؟ أنحن مَن نمنحهم هذه القوة والسطوة علينا؟ أم هم خُلقوا أقوياء؟ أظن أنني أستطيع الإجابة على هذا السؤال ولكن ليس الآن.

أتعلمين يا شمس، أودُّ أنْ أسحَبَ كلمتي. أنا لست تلميذة مخلصة كما ادعيتُ، أنا تلميذة تتعلَّم الدروس بشكلٍ مؤقَّت، أتعلَّم الدَّرسَ أثناءَ الحِصَّة، وأفهمه، وعندما ينتهي أنسى ما تعلمتُه، وأنسى كيف استنارت بصيرتي، وأعود بنفس الجهل الذي كنت عليه، فطالما تفانى القدر في أنْ يُثبِتَ لي أنَّه ملاكي

الحارِس، وأنَّه بطليَ المُنقِذ، ولمْ أشكُرهُ قَطُّ؛ فلطالما عاتبته وثرتُ عليه وشكَّكتُ في نواياه، بالرغم مِنْ أنَّه لمْ يخذِلني يوماً.

الوعود والمواعيد ولحظات الانتظار

"لطالما انتظرتُ الحبَّ يا شمسُ ولكنه لم ينتظرني"

وأجمل مِن وصَفَ الحبَّ هو ابن سينا، عندما اعْتُقِل
فقال لسجَّانه: "دخولي باليقين كما تراه وكل الشك في أمر
الخروج".

هأنا مجددًا يا إسطنبول على ضفاف بوسفورك وحيدة. بدأَتْ قصَّتُنا معاً منذُ ما يقرب الخمسة أعوام، ولمْ أستطع فهم ما تريدينه مني، لا أنتِ مُرحِّبَة ولا مهنئة ولا أنتِ أيضاً مودِّعة. لا تكُفِّين عَن اجتذابي، وتحتالين على الأقدار لتقابليني، ولكنك لا تحادثيني، وإن حادَثتِني لا تطيلين، شأنُك شأنُ كلِّ مَن هو مِنكِ. ما بكم؟ أطلقوا سراحي أو حدِّثوني عمَّا بداخلكم، ولكن لا تزيدوا لقائمة وعودي التي انقضَتْ وعداً جديداً. شمس، أين أنتِ؟ هأنا مجدداً في نفس المكان الذي رأيتِني فيه، وابتسمتِ عندما عرَّفتُه عليكِ، أنا الآن وحدي وأنتِ لستِ هنا.

لطالما انتظرتُ الحبَّ يا شمسُ وهو لمْ ينتظرْني قطُّ، تَعِبتُ مِنْ إقناعِ نفسي، إقناعِ نفسي بتقبُّل أعذارٍ لمْ تتلقَّها، وأنْ تتخطَّى تجارِبَ لمْ تَحْيَها، وبأنْ تتنفَّس الأملَ في غُرَفٍ ملأ عَبَقَها اليأسُ، وهأنا أُقنِعُها مجددًا، أحاولُ أنْ أقنِعَها ألّا تبكي، وألّا تتألَّم، ولكنَّ الألَمَ يا شمسُ! ليتنا نَعلمُ متى سيأتي لنسدَّ حصونَ قلوبِنا في وجهه، ولكنه يزور بلا ميعاد أو سابق إنذار. وهأنا يا

شمسُ أنتظره مجددًا ولكنه لا ينتظرني، ولمْ ينتظرني. لطالما تمنَّيتُ عند لحظة الرحيل أنْ يناديني أحدٌ فأعود. لطالما كنتُ تلكَ الفتاة التي تنتظر على دِكَّة محطَّة القطار آملة أنْ يأتي الحبُّ ويُقنِعَها أَلَّا تَرحَل، فلا يأتي وترحل.

أنتِ كاتِمَة أسراري يا شمسُ، وأسراري مثلُ نهرِ النِّيلِ لا تنضب، ولكنها تبدو صافية أحياناً، ومعكَّرة أحياناً أخرى. أنا لمْ أكن يوماً رحالة، أنا فقط راحلة، لمْ تجِد مَن يمنَعُها. لمْ تَجِد مَن ناديَها قبلَ أنْ تصعَدَ سُلَّم الطائرة. لمْ يتبَعني أحد، آه وكم تمنيت أنْ يتبعني أحد. أريدُ فقط أنْ أعرِفَ ما إذا كان الحبُّ سيوافيني الميعاد يوماً، أمْ سأظلُّ أحمِلُ الأملَ داخِلَ قلبي ليتحطم بانتظارٍ جديدٍ لا يكتمل بنداءٍ مانعٍ للرَّحيل.

العيب في من يا شمسُ؟ هل العيب فينا أم العيب في الوقت؟ تدفعني نفسي لكي أصدق أنَّ الحب لمْ يُقدَّر لي، تدفعني لأصدق أنَّ ما قُدِّر لغيري لن ينالني، ولكن أخشى أن أستسلم، أخشى أنْ أكفر بالحب فيكفر بي. أعلمُ أنَّ الأسهَل هو أنْ نرفع الرَّاية ونتصالح مع عَدَم حدوثِ بعض الأشياء لنا، أو مع عَدَم حصولنا على شيء، ونستسلم لسوءِ الحظِّ، ونلومُ عينَ القدر التي لمْ تَرَنا عندما وُزِّعَت قِسمَة القُلُوبِ، ولكن لا أريد، لا أريد أنْ أرضَخَ

لهذِه الفِكرة الفتَّاكة للغاية، التي ستطفِئ قناديل الأمل في قلبي، وتحوِّل بساتِينه إلى صحراء.

وعندما أُصمِّم على الرَّفض، يزاحِمُني صوت داخلي آخر يقول: "لا تعاندي القَدر، ماذا إذا كان هذا قدرك؟"، ولكن لماذا يا شمس؟ لماذا يكون هذا قَدري؟ وهل فعلاً هو قَدر أم قرار أم اختيار؟ أتذكَّر يا شمس أنكِ قلتِ إنَّ الحبَّ قرارٌ. يدُ القدرِ تتدخَّل في خَلقِ الصُّدفَة، في خلق اللحظة، اللحظة التي تنتبه فيها الأرواح لوجودِ بعضِها في مكانٍ صاخبٍ يعجُّ بالبشر. القَدر هو تلك اللحظة التي تديرُ فيها وجهكَ دونَ أنْ تشعُرَ في اتجاه معين. وما بعد ذلك فهو عليكَ لا لكَ. فنحنُ مَن نُقرِّر إذا كُنَّا سنسيرُ في هذا الاتِّجاه أمْ لا، ونحن من نختار الاستمرار في الرحلة أو الرحيل عنها.

وهذه الكلمات يا شمسُ كلماتُك، سحقاً لها، فكما تنيرني أحياناً فهي تحيِّرُني في أوقاتٍ أخرى. فإذا كانَ كلامُكِ عَن القَدر صحيحاً، فما تعلَّمْتُه منكِ هو أنَّ القَدر ليس عشوائياً، وأنه يحرِّك كلَّ قشَّة في هذا الكون؛ لحكمةٍ ولسببٍ، فلماذا حرَّك وجهي في هذا الاتجاه في ذاك اليوم؟ لماذا خلقَ لحظة الانتباه؟ أعلمُ أني لا أستطيع أنْ ألومَ القَدَر. أعي أنني اخترت السير في هذا الاتجاه ذلك اليوم، ولكن لماذا؟ ما هي الحكمة؟ لماذا أرادني

القدر أنْ أراهُ؟ ولا تقنعيني يا شمسُ أنَّ القَدَر لا شأن له بتلك اللحظة، في مدينة مزدحمة مثل إسطنبول، في ليلة شتاء قاسية ومظلمة، وأنا على عجلة مِنْ أمرِي. لماذا قد يتحرَّك وجهي في هذا الاتجاه الذي كانَ بكُلِّ الأشكالِ عكسَ وِجهَتي؟ أنا أعرفه يا شمسُ حقَّ المعرِفَة، أعرِفُه حينَ يكونُ في مكانٍ ما، وأستطيعُ التفريقَ بين اللحظات التي مِن صُنعِنَا واللحظات التي مِن صنعه. آه مِن هذه الدائرة الملعونة! دائرة "لماذا"، السؤال الذي يجعلني أتمنى أحياناً أنْ تنشقَّ السَّماءُ وتخرج منها الإجابة، أو تنطق الطاولة بِحُكْمٍ مُعجِزَة ما، فتجيب على هذا السؤال. ألمْ تقولي إنَّ زَمَن المعجزاتِ لمْ ينتَهِ، وأنَّ كلاً منَّا على موعدٍ مع معجزة؟ أخشى يا شمس أنْ يكون قد حدَثَ لي ما قلتِه مِنْ قبلُ عَن المعجزات. أخشى أنْ تكونَ مُعجِزَتي قد مرَّت بجانبي ولمْ أرَها. هل مرَّت يا شمسُ؟ فقد ذكرتِ مِن قبلُ أنَّ كلَّ البشرِ حدثَتْ لهُمْ معجزات ولكن منهم مَن جاءَت معجِزَتُه وهو ما زال ينتظِرُها لأنَّ ورد روحه لمْ يكن متفتحاً في اللحظة التي قابل فيها المعجزة. هل أنا منهم؟ أمِنَ الممكن أنْ تكون معجزتي في عدم حدوث ما كنت أهواه دائماً؟ هل مِنَ الممكن أنْ يكون السِّرُ فيما أهواه؟ هل مِنَ الممكن أنْ يكون لا عيب فيه ولا في الزمان ولا الحب ولكن العيب في نفسي وما تهواه؟ ولكن إذا كان هذا هو العيب فعلاً، فكيف

يمكن أنْ أُصلِحه - أصلح هذا العيب - لتصالحني عقارب
ساعات الزمن، وتتقارب مع موعدي مع الحب فتساعده ألا
يخلفني أو يتركني؟

**لا أومن بالحب الذي نُقنِعُه أو يُقنِعنَا. لا أومن أنَّ الحب
يأتي بمخطط؛ فهذا ليس حباً. بالنسبة لي يُعَدُّ هذا توافقاً
مدروساً. أُقنِع البشر أنفسهم بأنه الحب لمداواة ألِم انتظار
الحُبّ. لا أومن بالحب المشروط، ولا الحب الذي يزول بزوال
المؤثِّر.** دائماً ما تخيَّلتُ أنَّ الحب سيوافيني بدون ميعاد في هيئة
شخص يجلس بجانبي في الطائرة أو الشخص الذي سيأتي
ليحادثني عشوائياً وأنا منهمكة في الكتابة في إحدى المقاهي المطلَّة
على البوسفور. ويمكن أنْ يكون هذا هو سِرُّ تعلقي به، أنا لمْ
أخطِّط لمقابلته، ولمْ أُخطِّط لمفارقته، لمْ أحاول أنْ أجِده ولمْ
أنوِ فَقْدَه. لمْ تكن هناك لي أيُّ إرادة أو تدخُّل فيما حدث هناك
في تلك اللحظة. لمْ نكن نتصور أبداً أنَّ هذا اللقاء الذي شابَته
بعضُ الابتسامات الخجولة وبعض الأسئلة الاعتيادية مثل "ما
هو لونك المفضل؟" و"ما هي مدينتك المفضلة؟" سيتطوَّرُ
ليصبحَ لقاءً رومانسياً ما بين روحين على يقين بأنَّهما التقَتَا في
السَّابِق، ولكن داخل جسدين آخرين وفي زمن آخر غير الزمن.
هذا الزمن الذي لا يشبهني ولا أشبهه، يبدو توافقي معه مِنَ

الخارج ولكني في الداخل أثور عليه لأن أحداً أتى عن طريق الخطأ في حياة الآخر، فإما أني وُلِدتُ في الزمن الخاطئ، أو أنَّ الزمن تغيرت ملامِحُه بشكل لا يناسبني، ولمْ أعُد أفهمه أو أفسر عادات البشر فيه، ففي زمن "الوجبات السريعة" أصبح الحبُّ أيضاً وجبةً سريعة، ثمنُها رخيصٌ، يتم تحضيرها في عدة دقائق، وإنْ لم تعجبك ترمِها في سلة المهملات وتشتري وجبة جديدة من مكان آخر، وفي وقت سريع أيضاً. ما هذه الروح العجوز التي أحملها بداخلي؟! هذه الروح العنيدة المحيِّرة التي تتراقص كالأطفال أحياناً فتملؤني وتملأ مَنْ حولها بالحياة، ثمَّ تجلس على كرسيِّها رافضة المشاركة لأنها لا تقوى على مجاراة المحادثات الصغيرة، وتسخر منها في داخلها. غريبة أنتِ يا روح رَغْدَة، غريبة في طباعك، غريبة في بلادك وغريبة في زمانك، عصية أحياناً وطائعة أحياناً أخرى، مسالمة أحياناً وعدوانية في الأخرى، راحلة تارة وعائدة بالحنين تارة. أنتِ كلُّ شيء وعكسه، ولمْ يقوَ على فهمك إلا مَنْ خلقَكِ... وشمس!

يا ترى، أيصعُبُ عليه هو أيضاً كما يصعُبُ عليَّ فهمُ نفسي؟ لا أدري! لا أظنُّ؛ لأنه الوحيد الذي حكيت له سِرِّي، هو الوحيد الذي يعرف القصة ويعرف الأسباب، الوحيد الذي يعلم عَنْ وجودك يا شمس، الوحيد الذي قرأ رسائلنا، هو الوحيد الذي

رآك وأنت تلوّحين لنا عندما قابلتِنا ذلك اليوم على الجهة الأخرى من البوسفور.

يا أيها البوسفور، يا ترى كمْ سِراً غير سِرِّي تحملُ؟ وعلى كمْ قصة غير قصتي شهدتَّ؟ وعلى كم شخص غيري ضحكتَ؟ ومَن هم غيري أثقلوك بدموعهم، ومن غيري سامروك بقصصهم؟ آه كم أتمنى أنْ تنطق وتجاوبني! أنتَ اليوم هادئ وعميق كعادتِك، وتتسم بشيء مِن الرَّزانة كأنَّك تنصحُني بشكلٍ غير مباشر أنْ أتروَّى، أنْ أطيل في الانتظار. ولكن لماذا تريدني أنْ أنتظر؟ على كلِّ الأحوال سنفهم ما تريد أنْ تقوله لي خلال أربعة أيام.

لا أستطيع أنْ أُحدِّد ما يكتمه البوسفور ولا يبوح به ولكني لا أظنه يبشِّر بالخروج من هذه الدوامة، فأبلغ وصف للحب هو الجملة التي قالها ابن سينا لمعتَقِلِه عندما دخل سجنه: "دخولي باليقين كما أراه وكل الشك في أمر الخروج".

ولكن يا تُرى: هل نريد حقاً الخروج أم تعجبنا هذه الحالة؟ وتستهوينا هذه المرارة التي يتخللها بعض العسل أحياناً. أتُرى هذا فعلاً كيف يكونُ الحبُّ؟ هل فعلاً الحبُّ يفتك بنا ويعكر صفو قلوبنا ويعصف بكياننا؟ أم نحن الذين نسمح له بذلك؟ لأننا أَلِفنَا هذا الشعور فصارَت أرواحنا تحنُّ إليه من الحين إلى الآخر. ترى هل نريد الخلاص فعلاً؟ أم هذا ما تقوله ألسنتنا لتُخفِي سِرَّ

قلوبِنا التي غرقت في هذا العذاب عن قناعة ولا تريد الخروج منه؟ لا أدري! أظن أنَّ أسئلتي لم تنتهِ. أنتظر لقاءكِ يا شمس؛ فأسئلتي تزيد يوماً بعد يوم، وأنتِ جُهَينَة في عالمي، فعندَكِ دائماً الخبرُ اليقين.

الإشراقة الأولى

"الذات هي السِّرُ والمنبع، وهي المُخلِّص والمُنقِذ إذا أصغيتَ،
إذا سكنتَ وسمَحتَ لعينيكَ أنْ تريا الإشارة، وبعينيك أعني
(قلبك) لا (بصرك)!"

"الذاتُ هي المنبَع"...

كنتُ جالسة وحدي بجوار صديقي الغامض الصامت –
البوسفور – الذي لمْ يُرِدْ يوماً لقائي، ولمْ يقوَ أبداً على رحيلي،
فهو مثلي لا يعلَم ما يُريد؛ ولذلك ربما تجمعنا أُلفَة لأننا لا نفهم
بعضنا بعضاً، ومع ذلك تدور بيننا أحاديث تتخلّلُها الغرابَة، ولا
يفهمها أحدٌ سوانا. ما بيننا عزلة مألوفة.

وكنتُ كعادَتي أجلس بصحبَة ورقتي وقلمي وقهوتي التركية
التي لا أدري لماذا لم تأتِ يوماً محلاةً بالشَّكلِ الذي أشتهيه، مع
أنّي في تركيا، بلد نشأتها! وبينما كان يدور في خاطري سؤال ليس
ذا أهمية على الإطلاق وهو: "هل يا ترى القهوة هنا ليست جيدة،
أمْ أنا التي اعتدتُ على القهوة التي أشربها خارج تركيا، والتي
تدَّعي أنها تركية ولكنها في الحقيقة ليست تركية كما ينبغي أن
تكون؟"، وفي خضم كل هذه المعارك الفكرية العميقة منها
والسطحية، جاءت شمس. سمعتُ صوتاً أعرفه جيداً يبث في
الطمأنينة ويبعث البهجة في روحي ويضيئها في لحظة، رفعت عيني

عن الورقة وأنا أتمنى أن تكون هي. سمعتُ صوتاً يقول: "الذات هي السِّرُ والمنبع"، فرفعتُ عيني وكُلِّي أَمَلٌ أَنْ تكون هي فوجدتُها، وأردتُّ أن أركض إليها وأحتضنها فأعتصرها، ولكنها بادَرَتْ بالجلوسِ مُسرِعَة وقالت: "إنْ لمْ تطلبي قهوتي في غضون ثوانٍ فسأرحل!".

فتركتُ كلَّ شيء وطلبتُ لها القهوة. وكعادتها أتت ممازحة، متفقدة، منتقدة ونظرَتْ إلى طبق السلطة الذي أمامي وقالت: "ما هذا؟".

فقلتُ لها: "ما يجب أن آكله ولكن ليس ما أشتهيه".

فقالَتْ لي: "إذن اطلبي ما تشتهيه".

فقلتُ لها: "لا! فأنتِ تعلمين أنني أخشى أنْ أَسْمَنَ".

فضِحكَتْ وقالتْ لي: "دائماً ما تنسين كل الدروس، أنا على وشك اليأس منك والعدول عن لقائك لولا رسائلك الحائرة التي يملؤها الحنين؛ فهي ما تجعلني لا أقوى على تأديبك لفترة طويلة".

ضحكتُ واعتذرتُ وقلتُ لها: "هاتِ ما عندكِ يا شمس، ما هو الدرس الذي نسيتُه عندما طلبت السلطة ولم أطلب الكعكة؟".

فقالت لي: "أهمُّ درس.. وهو الدرس الذي إذا تذكَّرتِه ما كنتِ كتبتِ إليَّ رسائلكِ الحائرة عنِ الحبِّ وانتظاره ومواعيده.

(التوازن)، التوازن ما بين تأديب الروح وتدليلها، ما بين الإنصات إليها وإجبارها على الإنصات إليكِ. روحكِ أو ذاتكِ هي طفل، يجب أنْ تدلليها أحياناً، وأنْ تتخذِي القرار الصائب لها أحياناً أخرى رغم أنفِها وتتركيها تبكي حتى تمل. إنْ بالغتِ في تأديبِها هابَتكِ ونَفَرتْ منكِ، وإذا بالَغتِ في تدليلها صَعُبَ عليكِ تقويمِها. مشكلتكِ دائماً في فقدان التوازن، تبالغين في تأديب ذاتك فترهقينها. مثلاً إذا أردتِّ أنْ تأكلي هذه الكعكة كُلِها. لا تأكليها كلَّ يومٍ، ولكن أهديها لنفسك ما بين الحين والآخر. أحياناً ما تشتاق أنفسنا لأن نهاديها ونرافقها".

- "فهمتُ، ولكن ما دخل ذلك برسالتي عن الحب؟".

- "ذاتُك يا رغدة! ذاتُك هي السِّرُ والمنبع، هي المُخلِّصُ والمُنقِذ.. إذا أنصتِّ بإمعان ستفهمين الإشارة".

- "كلامٌ جميل! ولكني لا أفهم شيئاً. ولا ترمقيني بنظرةِ خيبةِ الأمل تلك التي ترمقيني بها عادَةً عندما لا أفهم مكنوناتِ رسالتك ودروسك. ما أعنيه هو أنَّه ليس بالضرورة أنْ تكون لكل البدايات نهايات سعيدة مِن وجهةِ نظرنا، وليس مِنَ الضروري أنْ يكون هدفُ القَدَرِ الذي جمعك بشخصٍ معين أنْ تنتهي معه

أو تحبيه. فربما يحاول القَدَر أحياناً أنْ يشير إلى فقدان التوازن بداخلك من خلال هؤلاء الأشخاص. والحب الذي تبحثين عنه يا رغدة لن تحصلي عليه حتى تحققي هذا التوازن – **لا تكتمل دائرة الحب مع الآخرين إلا باكتمال دائرة الحب مع الذات –** فإنْ بالغتِ في التضحية من أجل الآخرين على حساب ذاتك اختلَّتِ الدائرة، ونهاها الكون عن الاكتمال، وإذا بالغتِ في الانغماس بداخلك وملاحقة رغباتك، اختلَّتِ الدائرة أيضاً. كلُّ الحب الذي وجدتِّه، كان حباً فعلاً، ولكن لمْ يكُن الغَرَضُ منه هو أنْ تحبّي الأشخاصَ الذين قابلتِهم، بل كانَ الغرضُ منهُ أنْ يساعِدَك على اكتشاف التوازن وعلى محبَّة نفسِك.

من رحمات القدر يا رغدة أنَّه لا يهبنا العطايا إلا ونحن على استعداد لاستقبالها، وأنتِ لا زلت في طورِ التجهيزِ لاستقبال العطية المتعطشة إليها روحك؛ فأنتِ لستِ على استعداد لها لأنك لَمْ تفهمي الدرس حتى الآن، ولذلك لم تقابلي بعد الشخص الذي ستكتمل دائرتك معه".

- "إذاً لماذا لوَّحتِ إليَّ بسعادةٍ عندما رأيتني معه؟".

- "لأنَّه المحطة الأخيرة، هو الحلقة الأخيرة في الدائرة التي تُعِدّك لاستقبال عطيَّتِك. ابتسمتُ لأنكِ اقتربتِ مِن خط النهاية. إذا نظرتِ عَنْ كثبٍ وأنصتِّ لوجدتِّ أنَّ هذا الحُب في حرمانه

وجفائه علَّمَكِ أكثرَ ممَّا علَّمَكِ إيَّاه في قُربِه ووهجه وإشراقه.

حرمان هذا الحب في المرة الأولى هو الذي علَّمكِ أنْ تتخطي مخاوفك، وأنْ تواجهي الآخر، وأنْ تبوحي بالحب عندما يزدهر في قلبك، علَّمَكِ أنْ تعترفي بالضَّعف عندما يتغلَّب عليكِ، وأنْ تتحلِّي بالشَّجاعةِ لتخاطري بكرامتِك وكبريائك مِن أجلِ الحب.

هذا ما كان ينقصكِ، ولكنَّكِ بالغتِ في مقايضة روحك بالحب، فاختلَّ توازُنكِ، ولهذا فإنَّ الرَّحيلَ الثاني لهذا الحب بالشَّكلِ القاسي والبارد والجارح لقلبك والشارخ لكرامتك كانَ هدفُه أنْ تتعلَّمي متى تتوقفين وترحلين، أنْ تتعلَّمي أنْ توازني ما بين اللحظات التي تخرجين قلبكِ فيها مِن حِصنكِ بدون حارس ولا دروع، واللحظة التي يجب عليكِ فيها أنْ تخرّجيه بكلِّ دروعه حتى لا يغدر بقلبكِ في لحظةٍ ما، ويضعف فيرفض العودة إلى الحصن مرةً أخرى، فينهزم وحيداً.

أَحِبّي نفسكِ، صالحيها، ولا تغامري بها من أجل غيرها ولا تفرِّطي في حماية نفسك وتقييدها فتحبسيها وتصعّبي عليها أنْ تجد هذا الحب. التوازن، هذا هو الدرس!".

العلامات والرسائل
تجلِّي القدر

"لا تكمن أكبر مخاوفنا في عدم كفاءتنا، بل في القوة الهائلة الكامنة بين طيات أرواحنا. إنَّ الضوء المنبعث مِنْ قلوبنا لا الظلمة هو ما يخيفنا إلى حدِّ الرُّعبِ. ادِّعاؤك بعدَمِ أهمِّيَّتِكِ لا يفيدُ العالم – لا فخر في أنْ ننزوي ونقلِّل مِنْ شأنِنَا حتى لا يشعر مَنْ حولَنا بالنَّقصِ في وجودنا. نحن جميعاً خُلِقنَا لنسطَع مثلَ الشمس. هذا النور ليس حكراً على فئة قليلة منَّا، بل هو موجود في داخل كلِّ واحد منا. حين ندع هذا النور بداخلنا يتَّسع ويُشرق على وجوه الآخرين نتحرَّرُ من خوفنا الداخلي".

ماريان ويليامسون

كلَّما كتَّفني الخوف الكامن بداخلي وأغراني للعدول عن متابعة ما بدأته وهو كتابة رسائلنا، ما انفكَّ القَدَرُ في إعادتي إليكَ، في إعادتي إلى قلمي وورقتي، في أغرب الأماكن وفي أكثر اللحظات غير المتوقعة.

اليوم: الجمعة.. 20 سبتمبر...

أحد الأيام التي صحوت فيها مِنْ نومي بسلام وتغمرني رغبة عارمة في عدم التواصل مع العالم الخارجي. يجتاحني شعور بعدم الاهتمام بما يوجد خارج جدران غرفتي، فقرَّرتُ أنْ أحتضن أريكتي وأشاهد فيلماً، فجذبني اسم فيلم أجنبي مع أنَّ التقييم المصاحب له كانَ ضعيفاً جداً. هل تعلمين ما الذي دفعني لمشاهدته؟ إنه اسمه يا شمس. أتعلمين ما كان اسمه يا شمس؟ "الشمس أيضاً نجمة من النجوم".

وتعلمين أنَّ أيَّ شيء يحتوي على اسمكِ يجذبني. ندِمتُ على مشاهدة الفيلم في البداية فهو عاديٌّ جداً لدرجة الملل.

ثم جاءَتِ اللحظة ووصَلَتِ الرِّسالة..

في مشهد من إحدى مشاهد الفيلم، سألتِ البطلةُ البطل:

- "لماذا يكتب الشعراء عَنِ النجومِ ولمْ يكتب أحد عن الشمس؟

فقال لها: "لأنَّ الشمس أقوى النجوم، ولكنها ليست برومانسية بقية النجوم".

فأجابته: "الشمس هي رمز الأمل".

فيجب أن يكتب كل الشعراء والكتاب عن الشمس، ففهمت الرسالة ولبيت النداء يا شمس وعدتُّ إلى الكتابة عنك مجددًا.

ثم جاءت الرسالة الثانية..

كنتُ أشاهد فيلماً آخرَ يدعى "كوتش كارتر"، فيلم صادفته كثيراً على شاشة تلفازي المضاءة دائماً كخلفيةِ تؤنس وحدتي، ولمْ أكن أشعر أبداً بالرغبة في متابعته، ولأول مرة تابعته اليوم وفي منتصف الفيلم جاءت العلامة الثانية. سمعتُ مقولتي المفضلة القادرة على انتشالي مِن أيِّ انهزام أو ضعف أشعر به: "لا تكمن أكبر مخاوفنا في عدم كفاءتنا، بل في القوة الهائلة الكامنة بين طيَّات أرواحنا. إن الضوء المنبعث من قلوبنا لا الظلمة هو ما يخيفنا إلى حد الرعب. ادعاؤك بعدم أهميتك لا يفيد العالم، لا فخر في أن ننزوي ونقلل من شأننا حتى لا يشعر من حولنا بالنقص في وجودنا. نحن جميعا خُلِقنَا لنسطَع مثل

الشمس. هذا النور ليس حكراً على فئة قليلة منّا، بل هو موجود في داخل كلِّ واحد منا. حين ندع هذا النور بداخلنا يتَّسع ويشرق على وجوه الآخرين نتحرَّر مِن خوفِنا الداخلي".

ماريان ويليامسون

جاءت هذه المقولة فأيقظتني من غيبوبتي وانتشلتني من التيه الذي كنت أدور فيه بلا هدف الأسبوع الماضي. دائماً كنت أبحث عن تأكيدٍ لكفاءتي ونجاحي مِنَ الأشخاص الذين كنتُ أعملُ معهم، دائماً ما كنت أشعرُ بالرغبة في أنْ أُثبتَ للعالَم أنِّي أستَحِقُّ أنْ يراني، أستَحِقُّ أنْ يسمَعَني، أستَحِقُّ أنْ يحتَرِمَني. لمْ أُرِد أنْ أمرَّ على الدنيا مرورَ الكِرام. أردتُّ أنْ أُحدِثَ فارقاً، أردتُّ أنْ أُغيِّر شيئاً، ولكن لمْ تكُن لديَّ أيُّ فِكرة عَن كيفية تحقيق ذلك. فقررتُ أنْ أُثبِت للعالَم ذلك من خلال إرهاق نفسي في ملاحقة الشركات العالمية الكبيرة. كنتُ أكدُّ وأتعب لأرى الإعجاب والتقدير في عيون مديريَّ الأجانب، ولكن هذا التقدير يبدأ في التلاشي عندما يعرفون حقيقتي وهي أنِّي لستُ هنا لأُستَعْبَد، ولستُ هنا لكي أُخالِفَ معتقداتي ولستُ هنا لأمشي عكسَ مبادئي، وأني لن أنصر القوي على الضعيف وهو على باطل لمجرد أنه ذو سلطة أكبر، وأني لست هنا لألهث وراء السلطة، وأني لن أخسر نفسي وروحي في محاولة إرضائهم. وتبدأ

معركة التضارب في المصالح وتبدأ معركتي في الشك في ذاتي وقيمتي.

وبعد الحرب الضروس التي خضتها في شركتي، قررت أن أتقدَّم إلى إحدى أكبر الشركات في العالم، وكانت هذِه محاولتي في أنْ أُثبِتَ للأشخاص الذين أعمل معهم بأني ناجحة وأستَحِقُّ الاحترام، وأنهم حاربوا شخصاً كان يستحق أنْ يعامَل بتقدير. بدأت رحلة المقابلات، ومع كل مرحلة كنتُ أتخطاها، كان الأمل بداخلي يكبر بأني سأحصل أخيراً على شهادة اعتراف من العالم. أخيراً سأذهب إلى مديري الذي ظلمني وأقول له إنِّي راحلة لشركة الأحلام، وتخيلت السيناريوهات مراراً وتكراراً، حتى جاءتني مكالمة الرفض التي هزَّتْ كياني ودمَّرَتْ الأملَ بداخلي. لمْ أحصل على شهادة الاستحقاق، لمْ يعترف بي العالم بعد شهرين من الاختبارات والمقابلات والضغط النفسي واللهث وراء حلمي المستحيل. أنا لا أستحق! أنا لا شيء! ولماذا؟ لأن إحدى إجاباتي لم تكن منطقية! ما هذه القسوة؟ كيف تتجاهلون كل هذا الوقت والمجهود لأنَّ إحدى إجاباتي لمْ تكن منظمة بشكل معين؟ وبعدما بكيت ولعنت حظي وثرتُ على قدري، بعدما هدأت العاصفة، وبدأت شمسُ الحكمة في الشروق، سألت نفسي سؤالاً واحداً كان يجب أنْ أسأله لنفسي منذ خمسة أعوام: لماذا

أود الالتحاق بهذه الشركة؟ أهي فعلاً شركة أحلامي؟ وجاءت الإجابة الصادمة: لا! ولكن لماذا طاردت هذا الحلم البعيد إذاً؟ لماذا لَمْ أنَمْ قبل كل مقابلة؟ لماذا كانت دقات قلبي تتسارع في كل مرة أدخل فيها هذه الشركة؟ لماذا رجفتُ عندما رأيتُ رقمهم على هاتفي؟ رجفتُ ورجفتُ أكثرَ ما رجفتُ في ليلة باردة ممطرة في ديسمبر.

الإجابة هي أني متعطِّشة لأن يعترف العالم بإنجازي! متعطِّشة لأرفَعَ رأسي في وجه كلِّ مَن ظلمَني، وأقول له إنني لستُ منكَسِرة، أنني لَمْ أستَحِق التهميش، لَمْ أستَحِق منكم إنكاري، لَمْ أستَحِق منكم التآمر عليَّ، لَمْ أستَحِق التنمر، لَمْ أستَحِق أن تحاربوني بهذا الشكل.. لَمْ أستَحِق!

كنتُ أنتظِرُ أنْ أثبتَ لغيري استحقاقي وقيمتي. لكن السؤال هنا: هل أنا مطالبة لأثبت لأحدٍ أي شيء؟ والسؤال الثاني: لماذا أستعمل موازين الغير لقياس قيمتي؟

أيذكُرون في تقييمِنا كل إنجازاتنا؟ لا! هل يذكرون اللحظات التي تغلَّبنا فيها على مخاوفنا؟ أيسألوننا في المقابلات عن الطريقة التي تخطينا بها خسارة أو وفاة أرواحٍ كنَّا نحبها؟ أيسألوننا في المقابلات عن اللحظات التي كان فيها الخوف والحزن يعتصر قلوبنا؟ أيسألوننا كيف رحلنا عن بلادنا؟ إِسألوني كيف تخطيت

وفاة أمي؟ اِسألوني كيف يغلبني الحنين كل يوم إليها؟ اِسألوني ماذا فعلتُ عندما فقدتُ صديقة طفولتي الأولى؟ هل سألوني كيف تخطيت كل انهزاماتي وانكساراتي ولملمتُ بقايا قلبي وأشلاء روحي وابتسمت مجدداً؟ اِسألوني كيف أنام كل يوم وحيدة وخائفة وأشتاق لأبي ولا أستطيع أنْ أهاتفه كي لا أُقلقه عليَّ. هُمْ لا يعرفوننا يا شمس ليقوموا بتقييمنا، لا يعرفون كم مرة كُسِرَت فيها قلوبنا، كمْ مرَّةٍ لَبِسَتْ فيها أرواحُنا اليأس وحاربناه بكل خلية في داخلنا لنطرده، لا يعرفون من نحن، لا يعرفون الحروب التي خضناها والأقدار التي فُرِضَت علينا، فكيف يقيموننا؟ ولماذا نسمح لهم بأن يفعلوا ذلك بنا؟ أنا شاكِرَة جداً لهذا الرفض لأنه أيقظني مِن سَطوَة هذا النظام الذي يختصر حياتنا في رسائل إلكترونية، ويختصر كفاءتنا بالقميص الذي نرتديه. لقد تحررتُ! حررتُ نفسي يا شمس.

وفي هذه اللحظة ينتابني شعور قوي بالخوف؛ ماذا سيحدث إذا لم يقرأ الناس رسائلنا؟ ماذا سيحدث إذا قال لي الناشر أنني لا أليق بأنْ أكون كاتبة؟ أتعلمين يا شمس، لا أكترث! إنني أعرف في صميم قلبي وفي أعمق خبايا روحي أني لَمْ أُخلَق لأكون أداةً أو لأرتدي قناعاً، ولَمْ أُخلَق لأجلِس في اجتماعاتهم وأصفِّق لانتصاراتهم الزائفة، لَمْ أُخلَق لأجلس على هذا المكتبِ اللعين كلَّ

يومٍ إلى أنْ أموت، لَمْ أُخلَق لأُسجَن. أريدُ أجنِحَتي يا شمس، أريدُ أنْ أُحرّرها. سأُحلّق يا شمس رَغمَ أنفِهم. لقد خُلقت لأروي قصصاً، وسأروي قِصَّتَنا، حتى إنْ لَمْ يعتَرِف بقصصي العالم، يكفيني أنْ يقرأ شخص واحد هذه القصة، فتشرق شَمسُ ظُلمَتِه، ويستنير قلبه.

سأكتبُ هذه القصة ليس من أجلي، بل مِن أجلِ أصدقائي الذين لا أعرفهم، أصدقائي المنكسرين، أصدقائي المختلفين، أصدقائي المحاربين، أصدقائي الذين غلبت شجاعتُهم خوفهم، أصدقائي الثائرين على الحياة، أصدقائي الذين ثاروا في وجه الاستنساخ. لن نستنسخ ولن تنطفئ أرواحنا، ولن تهدأ قلوبنا، ولن تسكُت أصواتنا التي تزلزل كيانهم في كل مكان. أصدقائي الذين سَخِر منهُم زملاؤهم في الفصول، أصدقائي الذين فشل العالم في إقناعهم أنهم لا يستحقون الحب والاهتمام والاحترام، أصدقائي الذين يُفزِعُ نورُ أرواحِهم القلوبَ المظلمة، فلا يدَّخِرون قوَّةً في إطفائها.

أصدقائي أنا منكم وإليكم. سنحيا وسنصير لأننا خلقنا لنكون النور – هذا هو قدرنا ولا يغلب أحد القدر.

الإشراقة الثانية

"ليست الحكمة من الحياة أن ينتصر البشر، بل الحكمة أن يتعلم البشر كيفية التعايش مع انهزاماتهم".

أتُحِبِّين إسطنبول أكثر مِنِّي يا شمس؟ لا تأتين لزيارتي إلا وأنا هنا في هذا المكان بجانب صديقي الغامض "البوسفور".

عادت السماء ممطرة وبدأت علامات البهجة المصاحبة لفصل الصيف في التلاشي. ماذا ستفعلين عندما تبدأ الشمس الحقيقية في التدلُّل علينا؟ عندما تعود لفصل تقلباتها المزاجية حيث تُشرِقُ تارةً وتترك الدفَّة للسَّحَاب تارة أخرى؟

شمس: "سأفعل ما تتعلَّمين أنتِ فعله الآن؟".

- "بداية مشوقة للقاء الثاني! وما هو هذا الشيء يا شمس الذي ستفعلينه وأنا أتعلم الآن كيف أفعله والذي سيغنينا عن انتظار الشمس في احتلال السماء مجدداً؟".

شمس: "سأُشرِق حتى تُشرِقَ الشمس".

- "وكيف ستفعلين هذا يا شمس؟ والسؤال الأهم: هل أتعلَّم فعلاً فنَّ الشروق؟".

شمس: **"تشرق روح الإنسان عندما يبدأ في رؤية الحكمة من وراء حدوث الأشياء، عندما يبدأ في رؤية أرواح الأشخاص**

لا ملامحهم. فلا يشعر بالإهانة عندما يغضبون بل يُشفِقُ عليهم وعلى الصراعات والحروب القائمة بداخلهم. عندما يفهم أنَّ المتسلِّط ضعيفٌ في حقيقة الأمر، وأنَّ المتنمِّر يفقد الثقة بنفسه ويخشى أنْ يسخر منه الناس، ولذلك يبادر هو بالسخرية، عندما يرى الجروح خلف الابتسامات، وعندما يرى الاستغاثة واليأس وراء الغضب، وعندما يرى الخوف وراء العنف، عندما نصل لهذه المرحلة من الشفافية والعمق في رؤية الأمور، عندما لا نكتفي بالمظهر والسطح، في هذه اللحظة تشرق شمس أرواحنا فنبدأ في رؤية ما وراء الظلام ونفهم حكمة الأقدار.

عندما نرى الخير وراء تأخُّرِ الطائرة، وعندما نشعر بالامتنان لا باليأس أو قلة الحظ، عندما نقرأ جواب الرفض من الوظيفة، عندما يفوتنا مَرْكِبُ الحب فلا نعلن الحرب عليه ولا نيأس منه، عندما يخوننا صديق فندعو له بالسلام بدلاً من الرغبة في الانتقام، عندما نرى ما وراء الأقنعة، عندما نفهم الدوافع الشريرة فنرحل بدون أذى ولا ردة فعل، هذه هي لحظات الإشراق وعندما تشرق الأرواح لا تجزع عندما يغيبُ الشمس ولا تخاف من الظلام لأنَّ النور الكامِن بداخلها كفيل بإشعال شعلة الطمأنينة".

شمس: "ماذا يحدث عندما يستخدم الإنسان المفتاح الخاطئ لفتح الباب؟".

- "ما هذا السؤال يا شمس؟ لن يفتح الباب طبعاً!".

شمس: "وكذلك السَّلامُ والسعادة، طالما حاولنا فتح بابيهما بالمفتاح الخاطئ فلن يفتح الباب ولن نشعر بهما".

- "وما هو مفتاح السلام يا شمس؟".

شمس: "هو التصالح مع الانهزام.. هو معرفة السبب الرئيس مِنْ وجود الإنسان على الأرض. وهذا السبب لا يتضمن اقتناء السيارة الفارهة أو المنزل الثمين أو الحصول على وظيفة معينة. سبب وجودنا هو رؤية ما يستحقُّ أن نستيقظ مِنْ أجله كل يوم، وهو مساعدة الآخرين في هذه الرحلة. ومهما بحثتِ عن السلام في أروقة الشركات، لن تجديه. ولن تجديه في خطابات القبول حتى لو قَبِلَكِ العالَم أجمع. ألم تسألي نفسك: لماذا يمتلك بعض الناس كل شيء ولا يشعرون بالسعادة؟ أتعلمين لماذا تأكل التعاسة أرواحهم؟ لأنهم في حالة انتظار دائم، انتظار للوظيفة الجديدة، للحبيب الجديد، للزواج، للعطلة ويلهثون في هذا السباق حتى النهاية وعندما تأتي لحظة النهاية يدركون أنَّ ما بحثوا عنه لا وجود له.

لم نخلق لننتصر دائماً، ولمْ نخلَق لنكونَ في حالة نشوى دائمة. هذه هي الأكذوبة التي باعتها الشركات والمجتمعات لشعوبها. أقنعونا أنَّ مستحضر التجميل والأحذية ستجلب لنا السلام والسعادة. أقنعونا وأثقلونا وضلَّلونا فخيَّمت الظلمة على أرواحنا واختلَّت موازيننا وسلكنا دروباً ما كان أن نسلكها.

خُلِقت الحياة لتكون رحلة شاقة لا تخلو مِنَ العقبات والوجوه، الوجوه الغريبة التي تتحوَّل إلى مألوفة، والوجوه المألوفة التي تتلاشى مِنَ الوجود بعدَ حين، رحلةٌ تكونُ أسعدُ لحظاتِنا فيها هي اللحظات التي لا ندرك أنها مرَّت بنا أو مررنا بها لأننا منشغلون ببلوغ محطات في الرحلة بحيث تفوتنا الرحلة. إنَّ كنز هذه الرحلة يكمن في اللحظة التي يولد فيها طفل جديد لصديق أو قريب، وتلتفت العائلة كلها حول هذه المعجزة الصغيرة، وتقف الحياة في اللحظة التي يبتَسم فيها، في اللحظة التي نجلس فيها مَعَ المقربين إلى أرواحنا ونضحك بشدة على شيء تافه. تكمُنُ الحياة في هذه الانتصارات الصغيرة، في تمكنك أخيراً مِن إعداد كعكة أو فنجان قهوة طيِّب، في اللحظة التي نستيقظ فيها مِنَ النوم ونشعر فيها بأنَّ رئتينا تتَّسِعَان بالهواء النظيف بعد أيامٍ عِشنَاها في حزن وكَسْر، في اللحظة التي تفتقدنا فيها

السماء فتُمطِر لتذكِّرَنا بوجودها، ولنرفع رؤوسنا وننظر إليها ثم نبتسم ونبدأ في الركض بدون اكتراث أو مبالاة بالواقع، في هذه اللحظة التي تُشرِق فيها الشمس فوق وجوهِنا وتداعب أمواجُ البحر كيانَنَا فنشعر بالاكتمال، في لحظاتِ الرضا التي تختالنا عندما نجتمع مع عائلتنا في أمنٍ وسلام، إنها اللحظات القصيرة الوقت، والطويلة المفعول، التي تستحق الحياة. لمْ نخلَق لكي ننتصر في معارك الحياة الكبرى. لمْ يكن أبداً هو المغزى من الوجود، بل خُلِقنَا لنتشارك الرحلة، لنصالح الانهزام وننهض مِنْ ساحة القتال بالكدمة والبسمة ونستكمل الطريق؛ خلقنا لنذكر شركاءنا في الرحلة بأنَّ الطريق جميلٌ مهما صَعُبَ، وأنهم ليسوا وحدهم في هذا الاختبار؛ خلقنا لترقص قلوبنا فرحاً، لنحتسي قهوة الصباح ونحتضن بعضنا البعض في لحظة الخسارة، ولكي نجاوِر بعضنا البعض في أسِرَّة المستشفيات، ونتمايل رقصاً معاً في قاعات الأفراح؛ خلقنا لنعيش نحن الحياة لا أن تعيشنا هي.

لا يشعر البشر بالسعادة لأنهم يفتقدون اللحظات التي تستحق الحياة، لأنهم منشغلون بسباق اللحظات التي لن تُشبِعَ أرواحهم، ولن تعني شيئاً على فراش الموت. صالِحي انهزامك، الانهزام فرصة، الانهزام نعمة، الانهزام فرصة للإصلاح والإلهام

والعودة بقوة وهذا ليس شعراً. فهذا الانهزام هو الذي جعلَكِ تعودين لكتابة رسائلنا ولا تعلمين إلى أين سيأخذك ذلك، هذا الانهزام هو الذي جعلك تعرفين مدى حُبِّ أصدقائك المقرَّبين لكِ، وهو الذي أجبَرَك أنْ تري الحكمة فيما يحدث حتى لا تعيشي في تَعَاسَة، وهو الذي ألهَمَكِ بأنْ تسلُكي درباً جديداً. نعم لقد انهزمتِ! ولكن عندما تمسكين بهاتفك ستجدين أرقاماً لأشخاص إن حادثتهم وشكوتِ لهم لوَاسوكِ بلا مَلَل، ولشاركوك هذا الانهزام. نعم انهزمتِ ولكنكِ ما زلتِ تؤمنين بالله، والله أرحم مِنْ أنْ يرى خاطِر عبده مكسورًا ولا يجبره. نعم انهزمتِ ولكنك استيقظتِ ورأيتِ الشَّمسَ وهي تنيرُ أرجاء غرفتك. نعم انهزمتِ ولكنَّكِ ما زلتِ على قيد الحياة. ما زال هناك مَن يُحبُّكِ ويشاركك الرحلة، فلمْ تنهزمي، بل هي عَقَبَة جديدة وقد أنارت هذه العقبة أو الطريق المظلم العديد مِنَ المصابيح الصغيرة الجميلة التي أهدتكِ إياها لحظة الانهزام تلك، فقد هدتك للتمسك بالأمل. لا تَدَعي مرارة الانهزام تُنسيكِ لذَّة الانتصارات الصغيرة. فكِّري في حياتِك مِن النهاية إلى البِداية، وقيِّمي انهزاماتك وانتصاراتك وفقًا لذلك. فلنفترض جدلًا أنكِ على فراش الموت، ماذا سَيعني لك كثرة عددِ الناس الذين ساعدتِّهم، أم عدد الوظائف التي حصلتِ عليها؟ عدد اللحظات التي شاركتها مع أحبائك أم

اللحظات التي أثنى عليك فيها مديروك في العمل؟ ماذا سيعني كم حياة أنَرتِها، أم كم مؤتمر نظمته؟ كالعادة سأترك لك الإجابة!

الصناديق المغلقة

"افتحوا صناديقكم المغلقة، دعوا الشمس تشرق على مكنوناتها، فقد يكون ما بداخلها لا يستحق كل هذا الفزع".

ماذا سيحدث لو هربتُ؟ ماذا سيحدث لو حزمتُ تلك الحقيبة ورحلتُ؟ سآخذ كتبي ورسائلي وأرحل؟ ولكن إلى أين سأذهب؟ وهذا العالم مقيدٌ بالتأشيرات والحجوزات والبوابات الأمنية؟ أتذكَّرُ هذا الشعور وهذه الرغبة الملحة في الرحيل التي اجتاحتني في الماضي. أعلمُ متى ولكن لا أستطيع أنْ أواجه نفسي بهذه اللحظة. هِل يا ترى لو تصالحتُ مع هذه اللحظة سأتمكَّن مِنَ التخلُّص مِنْ هذا الشعور؟ حتى هذه اللحظة لا أريد، لا أريد أنْ أعرف إذا كنت سامحتهم حقاً أم لا. لا أريد أنْ أعرف ماذا بداخل هذا الصندوق المغلق!

لا أريد أنْ أعترف بهذه اللحظات. أريد أنْ أستأصِلَها مِن كياني، أريد أنْ أنتَزِعها مِن خلايا جَسَدي، وأريد أنْ أمحوها من ذاكرة الزمن. هل يا ترى تكتسب تلك اللحظات القوة من مقاومتي لها؟ هل يا ترى مكنونات هذا الصندوق مفزعة بالقدر الذي تخيلتُه؟ أين أنتِ يا شمس؟ هل اختفيتِ عن عمدٍ لأتعلَّم الجرأة والشجاعة؟ لأتعلم أنَّ الشجاعة ليست غياب الخوف بل

هي التحرك ضد إرادة الخوف؟ لا يبدو أنَّكِ ستشاركيني هذه اللحظة. على أية حال سأفتحه أنا.

ماتت أمي.. تأخذ هذه الكلمات لحظاتٍ لكتابتها، وسنوات لامتلاك الجرأة للاعتراف بها! وكانت هذه المفاجأة الوحيدة غير السارة التي فاجأتني بها أمي طوال الـ14 عاماً التي عشناها معاً. رحَلَتْ فجأة، غادَرَتْ، استسلَمَتْ، تركَتْ هذا العالم الذي لَمْ تكُن مهتمة به كثيراً على أية حال. كان عندي أمل إنْ ذاكَرتُ أكثَرَ سأجعلُها أكثَرَ اهتماماً به، أني إذا أحببتُ عالمها وتفوَّقت فيه سأشاركها لغتها، فلن تشعُرَ بالقلق والوحدة في هذا العالم أكثر مِنْ ذلك، كنا نتحدث لغتين مختلفتين بطلاقة.

كنت أتحدَّثُ لغة الكلمات منذُ نعومة أظفاري وهي تتحدَّث لغة الأرقام. لمْ أفهمها أبداً، ولكني أحببتها ولمْ تفهمني هي، ولكنَّني كنتُ أغلى ما تملك. كم أتمنى لو منحَنا الزمن الفرصة لنفهم بعضنا البعض. أتذكر تضحياتها، أتذكر عطاءها، كما أتذكر جيداً عدم اكتراثها بهذا العالم. كانت لا تكتَرِثُ بالأحاديث الصغيرة التي تفتعلها النساء لتمضية الوقت أثناء احتساء القهوة. لمْ تبرع أيضاً في فن الدعابات، وواجهَتْ صعوبةً في فهِم أشياءَ كثيرة مثل: النميمة، والسياسة، والخُطَط النسائية. كانت صريحة مستقيمة، كَسَهمٍ مِنْ حِدَّة استقامته وصلابته لا يقوى

عليه رمح. لَمْ أفهم آنذاك لِماذا شعرَتْ بكل هذه الوحدة والقلق، ولكني أفهم الآن. كم تمنَّيت أنْ أفهمها آنذاك لأهوّن عليها وحدَتَها وأشاركها عالَمَها المنعزل الذي لم يعكِّر صفاءه ونقاءه شيءٌ سوى الأرقام. لو كانت أمي شيئاً لكانت شـال حرير رقيق أبيضَ مطرز بأرقام ونظريات مُحَاكَةٍ بعناية لا يستطيع فك شفرتِها أحد، ولكن مِنَ الأكيد أنَّ هذا الشَّال سينال التقدير.

كانت قطعة فنية فريدة لَمْ تُخلَق لتُفهَم، بل خُلِقَتْ لتقدَّر. أتذكَّر لقطاتٍ كنتُ فيها ناقمة عليها بشكل كبير، وكنتُ أتساءل: (لِماذا تفعلُ ذلك؟ لِماذا لا تتركني أنخَرِط في الأنشطة التافهة التي ينخرط فيها كلُّ الأطفال؟ لِماذا يجبُ عليَّ أنْ أقضي وقتي مَعَ الحاسوب والكُتب بدلًا مِنَ العرائس؟ كنتُ أبلغُ مِنَ العُمرِ ما يقرب الأربع سنوات، وكانت تُجبِرُني على تعلُّمِ الكِتابة، كرِهتُها، فكانت أصابعي الصغيرة والضعيفة لا تتحمَّل كلَّ هذه الساعات مِن الكتابة يا أمي. كانت تريدني أن أدخُل المدرسة وألتحق بالصف الأول الابتدائي في عُمرِ الخمس سنوات. لِماذا يا أمي؟ انتظريني حتى أكبر وأستجمع قواي، القليل مِنَ الصبر يا ماما، لِماذا كل هذه العجلة؟ ولكني لمْ أفهم آنذاك أنها آمنت بي، فأنا دِيْنٌ يرفضه الجميع ويحاربونه بقوة؛ دِيْنٌ يصعُبُ الإيمانُ بهِ لأنه جديد وغريب، ولكنها كانت أوَّل مَن يؤمن به. وكانت تُعِدُّني

لهذه المعركة التي تنتظر الأشخاص مثلي. نجحت بالفعل! ودخلت المدرسة في عمر الخمسة أعوام وبدأت رحلتي كالطفلة المعجزة، وبدأت هي تتطلب وتتوقع مني الكثير ولمْ أفهمها قطُّ، واتهمتُها كثيراً بأنها أفسدَتْ طفولتي. لمْ أكُن أفهم نوبات القلق التي كانت تجتاحها أحياناً، وكنتُ أظنُّ أنها تحب ذلك وأنَّ طبعها حادٌّ، ولكني بالرغم مِنْ ذلك أتذكَّر أنه آخر شيء أرادته قبل أن ترحل هو أنْ أدخُل السينما لأني أردتُّ ذلِك. أتذكر أنني آخر شخص نظرَتْ إليه قبل أنْ تُفارِق هذا العالم. هذا اليوم، هذه اللحظة التي توقَّف فيها الزمن، اللحظة التي صرتُ بعدَها أناساً كثيرين، والقاسم المشترك الوحيد بينهم هو أنهم جميعاً لا يشبهون ما كنتُ عليه قبل هذه اللحظة. ذلك الفزع، هذا البرد القاسي الذي يجمِّد خلايا الجسد، ذلك الخوف من المستقبل، والخوف مِنْ شبَح الحزن الذي سيطاردك مدى الحياة، تلك الأسئلة التي كانت تنهش عقلي الصغير بلا رحمة. من سيمشط شعري؟ من سيذاكر لي؟ مَن سيختار ملابسي؟ تلك اللحظة عندما كان أخي الصغير البالغ مِن العمر أربعة أشهر يبكي في الغرفة المجاورة وسألت نفسي من سيعتني به؟ وأخي الآخر البالغ من العمر 8 سنوات الذي كان يسألني نفس السؤال الذي سألته لنفسي: "من سيربيني؟".

وبدأت الرحلة بدونكِ وبدأ الصندوق في استقبال العديد من اللحظات التي كان يجب أنْ تُدفَن، وبدأ قدري كراحل يكتب. أرحل مِن كلِّ شيء يذكرني بك، أهرب منك إليك، وكانت الحياة تستمر في الكرة الأرضية كلها ما عدا بقعة واحدة، وهي غرفتي الباردة الصغيرة الحزينة التي لَمْ يدخلها النور قبل أنْ تدخلها شمس.

وبالطبع وجَّهتُ طاقتي كلَّها في المكان الوحيد الذي نلجأ إليه في لحظة الخسارة الفادحة التي يشلُّ فيها عقلنا، وجهتها إلى السخط على القدر. لُمتُه وحاسبتُه واتهمتُه ونقمتُ عليه وثِرتُ وفعَلتُ كلَّ شيء كان يمكن أنْ أفعَلَه، ما عدا الشيء الوحيد الذي كان يجب أنْ أفعله، وهو أنْ أتمنى لها السلام في رحلتها الجديدة، وأنْ أتمنَّى لها السعادة لأنه كانَ مِنَ الأفضل لها أنْ تنهي رحلتها في هذا الوقت. ولكنَّ أنانيتي تغلَّبت على حُبِّي وخيَّمَتْ ظُلمَة قلبي وحزني على نورِ الحكمة. كان يجب أنْ أصطنع القوَّة مِنْ أجل إخوتي الصغار، كان يجب أنْ أفتَعِلَ تصالحي مَعَ الواقع الجديد الذي كان يُمثِّل أسوأ كوابيسي. كان يجب أنْ أُصالِح هذا الخوف بداخلي، وأنْ أُخمِد نيران الغضب. كان يثير غضبي كيف يعيش مَنْ حولي حياتَهم بشكل طبيعي؟ كنتُ أستشيط غضباً عندما لا يذكرونها، وكنتُ أشعر بالرغبة في أنْ أصرخ باسمها في

كل مكان، أنْ أقول لهم إنَّ هذا لَمْ يكن حلماً! كانت تعيش هنا روح معطاءة ضحَّت لأجلكم جميعاً، اذكروها، احزنوا، ابكوا. لماذا تضحكون؟ كيف هانت عليكم؟ كيف تستطيعون المُضيَّ قدماً في حياتكم بهذا الشكل؟ هل فقدتم الذاكرة أم الإحساس أم الاثنين معاً؟

ثم كبِرتُ وفهِمتُ أنَّ الحُزنَ أبلغُ وأعمَقُ مِنْ أن يأتي بشكلٍ دموعٍ أو ثورة، فهو ثقبٌ في الرُّوح تدفع نفسك بشكل يومي لتملأه. وفهِمتُ أنَّ بعضَ الناس يملؤون هذا الثُّقب بالتناسي، وبعضهم بالعزلة، وبعضهم بمحاولة التعايش، وفهمتُ أنَّ كلَّ ما كان هذا الإنسان يسبح في أعماق هذا الحزن كلما صَعُبَ عليه التعبير عنه، لأنَّ هذا الثقب يتَّسِعُ بشكلٍ يبتلع الإنسان.

وكلما هربتَ منه صَعُبَ عليكَ النَّظرَ وراءك، كلما صَعُبَت عليك مُصالَحتُه وسدُّ فجوته. وخطورة الهرب مِن هذا الثُّقب هو أنَّه يجعلكَ مدمناً؛ مدمناً للرَّحيل، وكلما ظننتَ أنَّ هذا هو آخر صناديقك المُغلَقَة، أخذَتِ الصناديقُ في التَّراكُمِ والتَّزاحُم، حتى تترك لك خيارين فقط: إما أنْ تفتَحَها وإمَّا أنْ تعيشَ في حالة ذُعرٍ مزمنةٍ مِن مكنوناتِها.

كانَ هذا أكبر صناديقي وأحلكها ظلمة، وكنتُ دائماً في حالة ذُعر ممَّا ينتظرني في هذا الصندوق مِنْ أشباح وألمٍ فقدٍ وشعورٍ

بالذنبِ والتقصير، وأقسى هذه المشاعر هو أنْ أكتَشِفَ أنّي لمْ أحبّها كما تستَحِق، ولمْ أُقدِّرَها كما ينبغي، ولمْ أونس وحشـة وجودها بالقَدْرِ الكافي. هذه الأشباح التي تُنغِّصُ عليك مُتعَةَ الاختلاء بنفسك، والتي تطارِدُ عقلَك في لحظاتِ السكون، وتجبِرُه على الشُّرُودِ إلى عالمٍ مِنَ الأسئلة التي لا إجابات لها.

والشيء المفاجئ والمُبِهِر الذي لَمْ أتخيَّله قطُّ عندما استجمعتُ قوتي لفتح الصندوق، هو أنَّ ما بداخله ليس مُفزعاً بالقَدر الذي تخيَّلتُه. فالأقدار لا يمكن أنْ تحاربها أو تعاندها أو تمنع حدوثها. كل ما تستطيع أنْ تفعله هو أنْ تصاحِبَها وتتعايش معها وتتقبَّلها، وتطلبَ مِنَ القديرِ اللُّطفَ فيها. فَلَمْ يكُن بمقدوري أنْ أفعَل ما يُنقِذها، لمْ يكُن بمقدرتي أنْ أُعطيها روحاً أخرى ولا أملك زمام الوقت لأمنحَها سنيناً أخرى تقضيها معي، ولمْ أسألها إنْ كانت ترغب في الرحيل أو البقاء. لماذا افترضتُّ أنَّ رغبتي تتوافق مع رغبتَها؟ وعندما تعمَّقَتُ أكثر في محتوياتِ هذا الصندوق استوعبتُ أني لَمْ أكن آنذاك بالنضج الذي يمكِّنني مِن أنْ أفهَمَها وأسايرها وأُطَمئِن قلقها، وأنني ألومُ نفسي الحالية على ما لَمْ تفعله نفسيَ السابِقة، والتي لَمْ تكُن على نفس القَدرِ مِن الوعي والدراية. فهمتُ أنَّ الفزع الذي بداخلي لَمْ يكُن مِن محتوياتِ الصندوق، بل كان مِن مواجهة نفسي، كنتُ أخافُ

منها، أخافُ ألَّا ترحمني، ألَّا تلتمس لي الأعذار على ما لَمْ أستطع عليه صبراً، ولَمْ أقوَ عليه فِعلاً.

فهمتُ الفرق الكبير بين الحب والتعلق. فالحب لَمْ يكن أبداً أنانياً أو قاسياً أو شريراً، والحب لا تتخلله النفس ويجب أن يكون مفصولًا تماماً عَن الأنانية، عَن الرغبات، عَن الأحلام وعَن الأمنيات والطموحات، عَن المصالح وما يخدمها. فإذا أحببت روحاً عَنْ حقٍّ تمنَّ لها حريتها، وصاحبها في رحلتها وحررها مِنَ التعلُّقِ ومِنَ الحُزن على رحيله؛ فهذا الحُزنُ يُثقِل الأرواح الراحلة. فهمتُ أنَّ هناك فرقاً بين التعايش مع الاشتياق وبين الأنين لوجود روح لهدفٍ أناني، وهو أنَّها تُخدِّرُك. تُخدِّرُ مخاوفَك، تُخَدِّرُ حِيرَتك، وتُخَدِّرُ عَدَم شجاعتك على مواجهة العالم الخارجي. وهذا الدَّرسُ علَّمَني الدَّرسَ الأقسى مِنه، وهو أنَّه على كُلِّ روحٍ أنْ تواجِه الفَقْدَ بمُفرَدها، ولا يعني ذلك أنْ تكون وحيداً؛ فنحن لَمْ نُخلَق لنعيشَ في عُزلة، ولذلك خَلَقَنا القدير شعوباً وقبائل لنتعارف؛ ولكن ما أعنيه هو أنَّه يَجِبُ على الرُّوح ألَّا تُثقِل الأرواحَ المشاركةَ لها في الرحلة بإجهادها.

هذه فقط إحدى مكنوناتِ صندوقي التي أقومُ باكتِشافِها الآن، ولكن قبل أنْ أتطرَّقَ لقراءَة الرسالة الثانية في الصندوق، يجب أنْ أكتُبَ عَنْ أكبرِ درسٍ تعلَّمتُه عندما فتحتُ الصندوق

قبل أنْ أنساه كالعادة، أثمن ما اكتشفتُ في هذا الصندوق هو بقايا روحي التي تركتها فيه. ما لم أستوعبه مِنْ قَبلُ هو أنَّ ما نتركه في الصناديق المغلقة هو أجزاء مِنْ روحنا، لا نكتمل بدونها. فعندما نهجر الأشباح التي لا نريد أنْ نواجِهها، والذكريات التي لا نريدُ أنْ نعيشَها مجدداً، والجوانبُ المظلمَةُ مِنَ الرِّحلَة التي لا نريد لأحدٍ أنْ يدخل إليها، فإنَّنا نتركُ أرواحنا في تلك الصناديق ولن نشعر أننا مكتملون، ولن نتصالح مع ذاتِنا أو نُحِبَّ أنفسنا طالما هناك أجزاء منَّا نرفض أنْ نُريها النور، وطالما هناك شروخ بيننا نرفض أنْ نلملمها خشية أنْ تَكسُرهي ما تبقَّى فينا. ولكن الروح مثل الوعاء الزجاجي؛ إذا شُرِخ يجب عليك أنْ تُلْمِلِم هذا الشَّرخ، وإنْ لَمْ تفعَل ذلك فإن الوعاء سينكَسِر شيئاً فشيئاً، ويصبح غير صالح للاستخدام.

ولكنَّ الكلامَ أسهلُ مِن الفعل! كيف يمكننا أنْ نلملم شروخَ الرُّوحِ التي تذبحنا، وتسرق النَّوم مِن قلوبِنا، وتمصَّ نشوة الحياة مِنَ الهواء شيئاً فشيئاً؟ الإجابة هي السهل الممتنع، وهو في أنْ تحتوي الشَّرخَ؛ أنْ تجعلَ النُّورَ يتسلَّلُ مِن خلاله، وأنْ تُسامح نَفسَك ومَنْ حولَك؛ أنْ تتقبَّل قَدَرَك مهما كان الرضا صعباً، وألَّا تحكُمَ على نفسك بالإعدام، وألَّا تَترك الحِقدَ أو الكُره أو اللوم يأكلُ جدارَ قلبِك؛ الحلُّ الوحيد هو أنْ تحتضنَ هذا الشَّرخ

وتتحمَّل ألَمَه وتنتَصِر عليه عازماً الاستمرار، حتى يلتئم الجرح ويتوقَّف عَنِ النزيف، وأنْ تستوعِب أنَّ هذا الجرح سيضيء جزءاً منك ومِن رحلَتِك، ولن تكون مكتملاً بدونه. أنت مِن صنع الخلّاق البديع، وإذا كان مَنْ خَلَقَك بديعٌ فأنت كائن بديع بالتَّبَعيَّة، وكلُّ جزء منك هو كذلك، فلا تخشَ جروحَك، ولا تشعُر بالخجل منها، فهي أنتَ وأنتَ هيَ، وكلاكما خُلِقَ لأنه يستحق الحياة، فلا تسلِب نفسَك هذا الحقَّ الغالي الذي سلبته.

الرسالة الثانية في الصندوق
رسالة الحب

في بداية رسائلي لشمس، ذكرتُ حباً سرَقَ قلبي وعكَّر صفو روحي وخلخلَ اتّزانَ قلبي وعَقلِي الذي كنت أزعم أني أمتلكه. وكنتُ في حالَة ألمٍ شديدةٍ لأنَّ القدَر لَمْ يشأ لي أنْ أعيشَ المزيدَ مِن هذه اللحظات غيرِ المتَّزنة المجنونة التي شعرتُ فيها أنِّي على قيدِ الحياة، وأكَّد لي هذا أنني روحٌ لَعَنَها الأجداد، وأنَّ إله الحب عند الفراعنة كتب على جدران المعابد منذ آلاف السنين، أنني الروح الوحيدة من بين أحفاده التي لن تحظى بمباركته. ولكنني قررتُ أنْ أحمِل المِصباحَ وأسيرَ في هذا الدهليز مِن روحي الذي تركه هذا الحب مظلماً. قررتُ أنْ أفهمَ لماذا.. لماذا شعرت بكل التعلق تجاه هذا الشخص؟ أيتعلَّق الموضوع به أم بالتجربة أم بالمرحلة التي كنت فيها في حياتي؟ أخذني هذا الدهليز إلى حارةٍ

أكبرَ مظلِمةٍ في روحي، وهو السؤال الذي أقنَعتُ نفسي أنِّي أمتلِكُ الإجابة عنه. ولكنِّي لَمْ أكتَشِف أنَّني لمْ أستَطِع الإجابَة عليه حتى الآن: لِماذا كنت سأتزوج في ليلة وضحاها؟ ولماذا عَدَلتُ عَن هذا الزواج أيضاً في ليلة وضحاها؟ ما هو السبب الحقيقي الذي أعلم أنه مدفون في هذا الصندوق ولكني أخشى مواجهته؟

أخذتُ نفسي في رحلةٍ إلى لحظات، اللحظات الحاسمة، اللحظات التي أشعلت روحي وأطفأتها، والتي ساقتني إلى اتخاذ كل هذه القرارات سواء بالبقاء أو بالرحيل. وكانت الإجابة معي طوال كل هذا الوقت.

اللحظة التي ظننتُ فيها أنَّ آخر تجربة حُبٍّ لقلبي هي الكنزُ المفقود المنشودُ الذي كنتُ أبحَثُ عنهُ طوالَ الوقت، كانت هي نفس اللحظة التي رآني فيها، رأى بوضوح مَنْ أنا. في هذه اللحظة عندما كانت صورتي في المرآة مشَّوشة ولمْ أستَطِع أنْ أرى روحي بوضوح، هو رآني، رآني خلف الفتاة الصغيرة والمرأة المشتتة، رأى الأنثى التي كانت تبحث عَن رفيق.

في اللحظة التي كنت أنظر فيها في المرآة فأرى فوضى عارمة من شتات الفكر والقلب، رأى هو أنثى حالمة سعيدة وحائرةً تبحث عن قصة تنير ظلمة ليالي شهر فبراير؛ رأى رحَّالَة يبحث عَن رفيق في الرحلة؛ رأى مسافراً يبحث عن قصة ليحكيها عندما

يعود، وصاحبني في الرحلةِ موافقاً أنْ يكون بطلَ هذه القصة القصيرة. صاحبتُه في رحلتي لأنَّه رآني، رأى ذاتي الحقيقية حينما لمْ أستَطِع أنا أنْ أراها.

وعدتُ إلى اللحظة التي وافقتُ فيها أنْ أتزوَّج ووجدتُ أنني في هذه اللحظة تحديداً لمْ أكن أعلمُ أنني أبحث عَن الحب، وكنت أظن أنني لا أحتاجه، ولا أريده، وأنني هجرته إلى الأبد. وفي هذه اللحظة جاء الشخص الذي كنتُ سأتزوجه حاملاً الحقيقة التي كنت أتجاهلها أنني أبحث عَن الحُبّ، وقدَّمه لي كقربان كي أضحِّي بحريتي وبما اعتقدتُ أنني أريده لأُكمل معه الرحلة. ولهذا وافقت لأنه رآني، واللحظة التي قررت فيها أن أرحل كانت اللحظة التي توقَّف فيها عَنْ رؤيتي، وكان يرى رغباته فقط، فشعرتُ بوحدة قاسية تبتلعني، وشعرتُ أنني لا وجودَ لي، وكان هذا الشعور يسلِبُ منِّي الحياة شيئاً فشيئاً. وفهِمتُ أنَّ ما يبحث عنهُ البشر ليس الحب أو الإعجاب أو الاهتمام، فكلُّ هذه مسكِّناتٌ وفرعيَّاتٌ ومكمِّلاتٌ غذائية، ليست كافية لأنْ تُشعِرَهم بالسَّعادَة أو الراحة أو الاكتمال.

يبحثُ البشَر عَن أحدٍ يراهُم على حقيقتِهم ويتقبَّل هذه الحقيقة ويحبها. يبحث البشر عن أحد يراهم بالرغم من كل شيء، بالرغم من مخاوفهم وانهزامهم وانكساراتهم والأشياء

التي تشعرهم أنهم لا يستحقون الوجود أو الحياة. يحتاجون مَن يؤكِّد لَهم أنَّ جوانِبَهم المظلمة تجعلهم أكثر جمالاً واكتمالاً. يبحثون عمَّن يصطحبهم في فتح صناديقهم المغلقة بدون أنْ يفزع مِنْ محتواها. يبحثون عمَّن لا يضحك على أحلامهم الكبيرة أورغباتهم التافهة، عمَّن لا يفزع مِن جوانبهم المظلمة، وعمَّن لا يرى عيوبهم بل يرى الجمال فيها في أكثر اللحظات التي لا يقوون هم فيها على تقبُّل أنفسهم. يبحثون عَن أحدٍ لا يُشعِرُهم بأنَّهم غرباء في الرحلة، يبحثون عَن شخصٍ لا يسلبهم الحقَّ في أنْ يخافوا أو يحزنوا أو ينجرحوا أو ينهزموا.

وفي هذه اللحظة التي يراك فيها أحدهم، في تلك اللحظة بالتحديد، تبدأ في نسيان كل ما ظننته حباً، وكلَّ ما أوهمتَ نفسكَ بأنَّك تحتاجَه، وكل ما أقنَعتَ نفسكَ أنَّك تريده، في هذه اللحظة تشعر بالاكتمال. وبالرغم مِنْ أنني لمْ أعِش هذه اللحظات مِن الاكتمال لمدَّة طويلة ولكنني أشعر بالامتنان لأنني شعرت بهذا الإحساس ولو ليومٍ واحدٍ في حياتي؛ فأنا لمْ أعِش عمري كلَّه غير مرئية للأرواح التي تعيش حولي، فقد رآني أحدهم ولو لساعة واحدة في حياتي. وأنا على يقين بأنِّي ذات يومٍ سأقابل

مَن يراني مجدداً، ولَن تكون لساعة أو ليوم أو شهور، ستكونُ
لمدَّة طويلةٍ وكافية لتبعث الدفء في قلبي والنور في حياتي.

الرسالة الثالثة في الصندوق
كيفَ ولِمَ خُذِلْنَا؟

الخذلان.. كلمةٌ خفيفة في الكتابة ثقيلة في التأثير، كلمة كفيلةٌ بأنْ تطفِئ روحَك، بأنْ تزعزِعَ كيانَك وأنْ تخلخِلَ كلَّ الثَّوابِت والقناعات التي لديك. كلمة عندما تشعر بها تسحب مِن عليكَ غطاءَ الطُّمأنِينَة والدفء في لحظة، وقد لا تعود كما كنتَ بعدَ هذه اللحظة. شعور كافٍ بأنْ يجعلَك وحيداً حتى وإن كنتَ في أكثر الأماكن اكتظاظاً بالبشر. كلمة تغيِّر ملامح شخصيتك، وتسلبُ مِنك إيمانك بالحياة. وبعد الخذلان عادَة ما ننسى مَنْ خَذَلَنا، ولكن ما يؤرقنا هو لماذا خُذِلْنَا؟ وأخطَرُ سؤالٍ نسأله لأنفسنا هو "لماذا؟"، لأنه سؤال ليس له ضمانات، فقد تجدُ الإجابة وقد لا تجدها، واحتمالية عدم معرفة الإجابة أقوى بكثير مِن احتمالاتِ معرفتها. وتظلُّ تسبَحُ في بحرٍ مِن الأسئلة

بدون شاطئ. لماذا خذلني صديقي؟ لماذا خذلتني حبيبتي؟ لماذا تخلَّى عني أقربائي؟ والأخطر هنا أنك ترهن راحتك وتقبُّلَك للواقع باللحظة التي ستجد فيها الإجابة، فإنْ لمْ تجدها، لاحقتكَ لعنةُ الروح الساخطة الحائرة التي تشكُّ في كلِّ من حولها، في نواياهم، في دوافعهم، وفي إخلاصهم لك. ما الحل؟ أضعتُ أياماً وشهوراً وسنيناً مِن عمري أسأل: لماذا تخلَّى عنّي مَن كنتُ أظنُّهم أقربَ النَّاس إليّ؟ لماذا تخلَّى عني الشخص الذي أحبه ولَمْ يتمسك بي؟ استنزفني هذا السؤال لمدة طويلة مِنْ حياتي ولم أجد له إجابةً قطُّ، وكانت كلُّ الإجابات المحتملة لهذه الأسئلة كلها مؤلمة.. "ألمْ يحبني هذا الشخص بما فيه الكفاية؟".. "ألا أستحق الحب؟".. "هل أنا إنسان سيئ".. "هل وثِقتُ بالشَّخصِ الخاطئ؟".. "هل عيوبي كثيرة بشكل يجعل الناس تتخلى عني؟".. "هل اختياراتي كلها خاطئة؟".. "هل المشكلة في اختياراتي أم فيَّ؟"... دوامة من الأسئلة غير المجدية التي تستنزُفك شيئاً فشيئاً وتتآكلك، وترسم سحابة من الشكِّ والخوف على علاقاتك بالآخرين لأنك تعيش في انتظار دائم لتلك اللحظة التي ستفترس قلبك "لحظة الخذلان".

وفي يوم من الأيام، جاءت شمس لتتحدث معي في هذا الموضوع بالذات لأنها شهدت الألم الذي سببه لي عبر السنين

ورأت أني لا أفهم الحكمة في كل مرة يحدث فيها ذلك أو أرفض أنْ أراها بمعنى أصح. أتذكَّر هذا اليوم جيداً، كان منذ ثلاث سنوات، أتذكر هذا اللقاء مع شمس الذي أغرقَتْه الدُّموع وصاحبَه الألَمُ والأنين الكامِن في قَلبِي الضَّعيف. أتذكَّر تلك اللحظة الفارقة التي غيَّرت رؤيتي للأمور للأبد، أتذكَّر ذلك النور الذي دخل بين شروخ قلبي فأنار بصيرتي. كان هذا اللقاء بعدَ اللحظة التي فَتَكَتْ بِي وحوَّلتني إلى قطع متناثرة تتجمع لتبدو كإنسان ولكنها في الواقع بقايا إنسان يعيش أنصاف حالات. تلك اللحظة التي فسخت فيها خطبتي بأكثر الطرق المهينة "عبر الهاتف" وبدون أية مشاعر مِنْ قِبَل الطَّرف الآخَر، كانَت كرامَتي في هذه اللحظة تُشبِه الورقة التي قطَعَها أحدهم مِن دفتَره لأنَّها لمْ تكُن مفيدة ورماها في صندوق المهملات ولَمْ ينظر خلفه، ولَمْ ينظر حتى إذا كانت الورقة هبطَتْ في سلة المهملات أم لا. أتذكَّر حتى الآن كيف كان الألم الذي أحمله بداخلي يثقلني، فقرَّرتُ أن أتحدَّث مع صديقتي المفضَّلة لتساعِدَني في إزالة هذا الثقل مِن قلبي... ركضتُ إليها لأبكي وأشتكي باحثة عَنْ حُضنٍ دافئ ليطمئنني، أحتاج إلى هذا الصوت المألوف ليقول لي إنَّني لا أستَحِقُّ أنْ أُعامَل بهذه الطريقة، وأني أستَحِقُّ الحب، وأنه ليس هناك ما يجعلني غير أهل للحب والاحترام، ولكنها لم تفعل ذلك،

لمْ تحتضنني، لَمْ تُضمِّد جراحي، كانَت باردةً جداً وتخلَّت عنِّي في أكثرِ لحظاتي انكساراً واحتياجاً وتجمَّد عقلي في هذِه اللحظة، وتعطَّلت وظائِف جسِدي عَنِ العَمل لمدة لحظات. لحظات شعرتُ فيها ببردٍ قارسٍ ووحدة تهجم عليَّ بمخالبها؛ فهزَّت كياني ولَمْ تعُد قدماي قادرتين على تحمُّل كلِّ هذا الألم الذي في قلبي، فانهزمتُ وسقطتُ على الأرض وبكيتُ، بكيتُ كثيراً، ولمْ أكُن أعلَم حتى تلك اللحظة أنَّ بوِسع الإنسان أنْ يذرِف هذا الكمِّ الهائِل مِنَ الدُّموعِ في وقتٍ قصيرٍ جداً، ولأول مرة فقدتُ رغبَتي في المواجهة وفي الحديث مَعَ البَشر، لأول مرة لا أهتمُّ بالشَّمس وأنا صاحبة الشمس، ولأولِ مرَّة أجلِسُ أمامَ صديقي ورفيقي البحر، ولا أراه، ولا أشمّه... ولأول مرة أستوعب أنَّ أرواحنا قابلة للكسر نتيجة للخذلان. لمْ أكُن أعلَم أنَّه بهذِه السَّطوةِ والقوَّة، كانت عيناي الدامعتان دائماً تهرِبان مِنَ الناس، ماذا أقول عندما يسألني الناس عن مكان الزفاف وميعاده؟ كنتُ أهربُ مِنْ منزلي، مِنْ خزانتي التي رقَدَ فيها فستان زفافي، مِنْ مرآتي التي وقفتُ أمامَها وتخيَّلتُ كيف سأبدو في هذا الفستان، ولَمْ أكن أتخيَّل في هذا الوقت أني محظوظة. اللحظة التي لَمْ تتمَّ فيها خطبتي والتي قُتِلتُ فيها، هي من أكثر اللحظات التي اِبتَسَم لِيَ فيها القَدَر في حياتي، ولكنِّي لمْ أكن أعلم. لأولِ مرةٍ أشعرُ بالاكتئاب،

لأول مرَّة أقابِل هذا الشَّبَح الذي يسلبك القوة والإرادة، ويجعلُك لا تريد شيئاً سوى سريرك وغرفتك المعتمة، الشَّبَح الذي يسلِبُك القدرة على رؤية الجمال في كل شيء حولك، فتحرقك أشعَّة الشَّمسِ ولا ترى نورها. قد تمشي في أكثر البساتين ازدهاراً، ولا تشم رحيق وردها، فأتت شمس لتنتشلني مِنَ الغرق في بحور ألَمِ الخذلان. جاءت في مكاننا المعتاد، وطلبتُ قهوتَنا المعتادة، وكانَ هذا فِنجانُ القهوةِ الوحيد الذي لمْ أستمتِع بشربه مع شمس. كنتُ أظنُّ أنَّها تُريدُ أنْ تسمَع القِصة بتفاصيلها وستقول الجملة المعتادة: "قسمة ونصيب"، و"حاولي واضغطي على نفسك واشعري بالسعادة"... إلخ... إلخ، ولكنها لمْ تقُل ذلكَ على الإطلاق، بل سألَتني سؤالاً بدا لي غريباً في تلك اللحظة، وظننتُ أنَّها فقدَتْ عقلَها، أو أنَّها غير قادرة على استيعاب كمِّ الألَمِ الذي أشعرُ به، قالت لي: "إن تعطَّل هاتفي ماذا أفعل؟" فجاوبتُها بدهشة وبرود قائلة: "خذيه إلى محل الهواتف يا شمس وسيقومون بإصلاحه". فقالت: "فإذن عندما يتعطَّل جهاز لا نقوم بإصلاحه بأنفسنا، بل نأخذه للأخصائيين"، فاستغربتُ جداً: لماذا تعيد إجابتي؟ أتسخَرُ مني أم أصابها فيروس الغباء بشكل مفاجئ؟

فجاوبتُها مجدداً بنفسِ البرود واللا مبالاة: "نعم يا شمس".

فجاوبتني قائلة: "إذن لماذا لا تذهبين للأخصائيين؟ من الواضح أنَّ جهازك قد تعطَّل، فاذهبي للحديث مع شخص أخصائي".

وفي هذه اللحظة تزاحمت الأفكار في عقلي: (أتتهمني بالجنون؟ هل تثاقلت عليها؟ ألمْ تَعُد تريدُ أنْ تسمعني؟). ولأنَّ شمس صاحبتْني في الرِّحلَة أكثر مِن أي شخص آخر، فهمَتْ ما يدور في مخيِّلَتي وأطلقَتْ عليَّ رصاصة الرحمة بإجابتها على أسئلتي، "لا يا رغدة، لا أظن أنَّكِ مجنونة، بل نحن نعيش في مجتمعٍ مجنون، ولقد جعلوا مِنَ الصحة النفسية عيباً وحراماً، ولا يجب أنْ يشعُرَ أيُّ أحدٍ بالعار لأنه يهتم بصحته وسلامته. أيَّتَّهَمُ الناسُ بالجُنونِ عندمَا يذهبون لاستشارة دكتور أمراض باطنية مثلًا؟ اذهَبِي يا رغدة، آن الأوان لتكتشفي نفسك وتعرفي مَنْ أنتِ، هذه معركتكِ وحدكِ ويجب أنْ تنتصري فيها بمفردكِ. لا أستطيع أنْ أشاركَكِ فيها، ولا يُمكِن أنْ تنتَصِري على عدوِّك بدونِ أنْ تعرِفي مَن هو، ما هي نواياه، وما هي نقاط ضعفِه وقوَّته؟ وعدوُّك اليومَ هو نفسكِ وأفكاركِ ولذلك يجب أنْ تذهبِي لشخصٍ يساعِدُك وتخوضي تلك المعركة بمفردكِ. سمِعتُ بنصيحةِ شمس وبدأت رحلتي في اكتشاف نفسي وفي التعرف على عدوي فكما قال جبران خليل جبران: "أمرنا الله بأن

نحب أعداءنا فأطعتُه وأحببتُ نفسي"، وكانت هذه رحلتي في فَهمِ نِعمة الخُذلَان. عندما خضتُ هذه الرحلة، فهِمتُ أنَّني روحٌ معطاءَة، وأني متعاطفة، ولذلِك دائماً أشعُر بالخُذلَان؛ لأنني كنتُ أُقَدِّم الكثير ولا آخذ أيَّ شيء في المقابل، وفهِمتُ أنَّ الله سبحانه وتعالى خلقنا بِسعَاتٍ مختلفة، وبلغاتٍ مختلفة، وقد قال لي مرشدي النفسي شيئاً أنار جميع الطُرق المظلمة في روحي، فقد قال: "قانون الحياة هو المقابل. جميعنا نعطي ونتوقع مقابلاً باختلاف نوعِ العطاء ونوعِ المُقابِل، ما عدا أرواح قليلة خلقها الله بقدرةٍ غيرِ محدودة على العطاء ليوازن الأرض". وكانت هذه الجملة "برداً وسلاماً عليَّ". فهِمتُ أنَّ مَهَمَّتي في الأرضِ هي العطاء، وفهِمت أنَّه ليس كل مَنْ خذلني مذنباً، بل البعض منهم غير قادر على أنْ يقدِّم لي ما قدَّمته أنا لهم. وفي هذه اللحظة تصالحت مع الخذلان. ليس كل مَنْ يخذلك لا يهتم بِك أو يقصِد أنْ يجرحك، قد يكون غير قادر على أنْ يمنَحك ما تريد، أو قد يكون دوره في رحلتك انتهى، فبعضُ الناس في حياتنا رفقاء، وبعضُهم مراحل. ولله حكمة في كلِّ شخص وُضِعَ في طريقِكَ، وفي كل شخص غادَرَ حياتك. فتقبَّل هذه المرحلة لأنها كانت ضروريه في رحلتك، وأطلق سراح هذه الروح بسلام ولا تشغُل نفسك بأسئلة مثل "لماذا حدث ذلك؟" لأن هذه الأسئلة تستنزفك بلا

جدوى، وجميعنا نخوض حروباً لا يعرف عنها الآخرون شيئاً؛ كلُّ منا لديه نصيبه مِنَ الجروح ومِنَ الشُّروخ ومِنَ الأعداء ومِنَ الأفكارِ والقناعات. أطلِق سراحَ البشَرِ ففي داخلٍ بعض منهم ما إن اطَّلَعتَ عليه لأشفقتَ عليهم بدلاً مِنْ أنْ تحقِد عليهم أو تكرههم. ارحل في سلام، تعلَّم الحِكمَة ولا تتعلَّق بالتفاصيل، وخفِّف وزنَ قلبك مِنَ الكراهية والحزن والحقد واستمر في رحلتك. وفي اللحظة التي ستحررهم فيها وتحرر نفسك، سيظهر أمامك الرفقاء الجدد الذين تحتاجهم في المرحلة الجديدة مِنَ الرحلة. تمسَّك بالنُّورِ الذي بداخِلِك فهو الذي سيجذِبُ إليكَ الأرواح التي تُشبِهُك. لا تخف مِن الخُذلان، ستتعافى وتتعلَّم وتنتصر وتُجبَر.

الرسالة الرابعة في الصندوق:

من أنا؟

كان أكثر شخص أخشى مواجهته هو أنا – لأني لا أعرف هذا الشخص على حقيقته، لم أعرف إن كان شخصاً جيداً أم سيئاً؟ إذا كان طيباً أم شريراً؟ لَمْ أعلم قطُّ ما الذي يريده هذا الشخص مني؟ ولماذا يسألني أسئلة ترهقني؟ لماذا يذكِّرني بلحظات كنت نسيتها أو تناسيتها؟ كنتُ أهربُ منّي، حتى ثارت عليَّ نفسي وقرَّرتُ أنْ تحبِسَني بداخِلها، وألَّا تطلِقَ سراحي حتى نتواجه، فقد قامَت بإبعاد كلِّ الناس عنّي سواءً عن طريق مخاوفها أو عن طريق إجباري على الهروب منهم، أو مِن خلال التجارُبِ السِّيئة التي مررنا بها، والتي جعلتها ترغمني على الهروب مِنْ كُلِّ الناس وعدم تصديقهم. نهتني نفسي عن أنْ أفتَح لهُم أبوابَ روحي، فكنتُ أتحدَّثُ كثيراً ولا أقولُ شيئاً، وكانَ الجميعُ

يعرفُ شكلي ولا أحد يعرِف روحي. وعندما رحل الجميع وبقيت مَعَ الشَّخصِ الوحيدِ الذي كنتُ أخشى مواجهته وهو أنا، عندها فقط فَهِمتُ لِماذا كنتُ أهرب مِن نفسي. كنت أهرب منها لأني ظلمتها، نعم أنا ظلمت نفسي كثيراً، وانتقدتها وهاجمتُها ولَمْ أحنُّ عليها أو أرحمها. ولهذا كنت دائماً ما أهرب منها لأني كنت أخشى محاسبتها، ولَمْ أكن أعرِف إذا كان بمقدورها أنْ تغفِر لي كل هذا. كنتُ أخشى معاتَبَتَها ولومَها لي، ولَمْ أكُن أمِلك المبررات الكافية لكل أفعالي. ولَمْ تترك لي نفسي خياراً آخر، فقد حان وقت المواجهة. ظلمتُ نفسي عندما تجاهلتها تماماً وفضَّلتُ عليها الآخرين؛ عندما لم أستمع إليها، وإلى أنينها، وكنتُ أستمِعُ بكلِّ حبٍّ للآخرين.

ظلمتها عندما ذهبتُ لأماكن لَمْ أرغب في أن أكون فيها من أجل الآخرين. ظلمتُها عندما وضعتُ قيمتها رهناً لتقييم الآخرين واستحسانهم. ظلمتها عندما لم أحبها لأن شخصاً قال لي إن أنفي كبير. ظلمتها عندما صدَّقتُ الأشخاص الذين قالوا لي إني لن أنجح، وأن قدراتي محدودة. قسوت عليها عندما لم أحبها، عندما ازداد وزني أو لأنها في بعض الأحيان كانت تشعر بالإرهاق وعدم القدرة على مواجهة الحياة. ظلمتها عندما قررت ألَّا أسعى وراء أحلامها لأن أحداً أقنعني أنَّ أحلامي كبيرة جداً علي. ظلمتُها

في كل مرة أخفيت فيها هويتي وادَّعيتُ أنني شخص آخر ليتقبلني الناس. ظلمتُها في كل مرة اصطنعتُ حبي لأشياء لا أطيقها حتى أنضم إلى القطيع. ظلمتُها في كلِّ مرَّةٍ منعتها فيها مِن الخروج وحبستها بداخلي خشية ألَّا يكون لها مكان بين الناس. ظلمتُها عندما أخفيتُ أفكارها المختلفة. وعندما جالستها واستمعتُ إليها، حنوتُ عليها لأنني فهِمتُ أنني عدوها الأول والأكبر، وتعلَّمتُ أننا إنْ لَمْ نعادِ أنفسنا فإنَّ معاداة الآخرين لا تشكِّل أيَّ خطرٍ علينا، وإنَّنَا عندما نتصالح مع أنفسنا نتصالح مع العالم أجمع. واكتشفت أنَّ حُبَّكَ لنفسك وتقبُّلكَ إياها كما كانت وتصالُحك مَعَ عيوبها وانكساراتها وانهزاماتها هو مفتاح السلام، ومفتاح التخلي عمَّا يؤذيك. أنا رغدة كما أنا في عيوب أجتهد على إصلاحها. لست ملاكاً ولستُ شيطاناً ولست جميلة الجميلات ولكن في روحي جمال ينعكس على وجهي. أنا الثائر، أنا الراحل، أنا الذي يلاحق النور في أحلك الأماكن واللحظات، أنا العصبي والطيب، أنا العاطفي العقلاني، أنا المختلف المألوف، أنا الذي لن ولمْ يتبع القطيع وسيقول كلمة الحق ولا يخشى لومة لائم. أنا الطامع الحالم المتفائل الذي يبحث عن السلام ولا يفهم الحرب. أنا الذي سيظلُّ يبتسم بحُسنِ نيَّة ويُطعَنُ في ظهرِه بسبب نفسِ الابتسامة الساذجة. لن أتغيَّر، سأعملُ على أنْ

أُحسِّن مِن نفسِي ولكني لن أغيّرَها. لن أنضمَّ لصفوف الظالمين فقط لأنهم ينتصرون انتصاراتٍ مؤقتة، ولأنهم يبدون أكثر هيبة وقوة. لنْ أطعن أحداً في ظهره لأسبِقَه حتى وإن كانت هذه هي الطريقة الوحيدة لأنال ما أريد. لن أتوقف عن العطاء ولن أنتظر مقابلاً. كنت تائهة وضائعة لأنني لَمْ أكن أعرف لماذا أنا هنا. ولكنني شاكرة لكل هذه الصدمات والطعنات التي تركتني وحيدة لأنها ساعدتني على اكتشاف نفسي وتقبلها ومصالحتها. ساعدتني على معرفة هدف رحلتي وسبب وجودي. محنتي كانت منحتي الحقيقية. وعندما قال لي معالجي إنَّ الله خَلَق أشخاصاً يعطون بغير مقابل ليحقِّقُوا التوازُن في الأرض، نزَلَ الكلام برداً وسلاماً على إبراهيم لأنه مَنَحَ حياتي معنى، فأنا لا أعيش لنفسي فقط، بل أنا أتنفَّسُ لأجعلَ حياةَ كُلِّ مَنْ أُحبِهُم وأقابلهم أفضل. يجب أنْ تَعْرِفَكَ! أنْ تَعْرِفَ مَنْ تكون، ولماذا أنت هنا. لكلٍ منَّا هدَفٌ مِنَ الوجود، ولن تشعُرَ أنَّ حياتَك لها قيمة إلى أن تجِده. وعندما كتبتُ هذِه الكلمات تذكَّرتُ إحدى أهم محادثاتي مع شمس عندما قالت لي: "آخر نصيحة سأنصحك إياها يا رغدة هي "العطاء". عندما يعيش الفرد في خدمة الآخرين فإنَّ حياته تزيد ولا تنقص. لدى البشر مفهوم مغلوط عن العطاء، فهم يعتقدون أنَّ الشخص المحتاج لأيِّ نوعٍ مِنَ العطاء سواءٌ كانَ

مادياً أو معنوياً، هو المستفيد، ولكن في الواقع الشَّخصُ الذي يعطي الآخرين هو المستفيد الأكبر؛ لأن رصيد شعورِه بقيمة البقاء يزيدُ، رصيدُ شعوره بأنَّه ذو أهمية في هذا الكون يزيد. عندما ترحلُ عَنِ العالم لَنْ يُهِمَّ ما تبقَّى في حِسابِك البنكي، ما يُهِمُّ هو عدد الأشخاص الذين لمستَ قلوبهم. لا يُخَلَّدُ الأشخاصُ بما يمتلكونه عند الرحيل، بل بما يتخلُّون عنه مِنْ أجلِ الآخرين قبلَ الرحيل.

وقالت لي أيضاً إنَّ الأشخاصَ يعتَقِدونَ أنَّهُم يَجِبُ أنْ يعيشوا ويموتوا بنسخة واحدة مِنْ أنْفُسِهم، ولكنَّ الحقيقة لا ...! فأنتَ في كل مرحلة من حياتك نسخة مختلفة مِنْ نفسِكَ وإنْ كانَت كلُّ النُّسَخِ السَّابِقَة مِنكَ تائِهةٌ فما زال هناكَ وقتٌ لتكوْنَ النُّسخَةُ الجديدةُ أفضل. وإنْ كانت النُّسَخُ السابقة كلها مستسلمة ومنهزمة فلا تحكم على نسختك المستقبلية بأنْ تكون كذلك، ما زال هناك وقتٌ. لقد كتبَ ربُّكم على نفسه الرحمة كما كتبَها عليكم، فلماذا تكتُبُون على أنفسكم الشَّقاء؟ أنتُم مَن تكتُبونَ أقدارَكُم، فلا تستلموا للحظاتٍ عابِرةٍ وتكتبوا على أنفسكم أقداراً تعيسةً. ييئس البشر عندما يختزلون أعمارَهم في لحظات. عندما تعتقد أنَّ لحظة اليأس هي حياتك؛ تخسر، وعندما تعتقد أن لحظة السعادة هي حياتك تُحبَط. فلن تكون

يائساً طوال حياتك، ولن تكون سعيداً أيضاً طوال الوقت. ولن تكون صالحاً دائماً ولا فاسداً دائماً، فالنَّفسُ مُتَقَلِّبَة وعلى صاحبِها أنْ يتغلَّب عليها.

سامِحوا النُّسَخَ السَّابقة مِنْ أنفُسِكم ولا تحاكموها بل قوِّموها. أتذكَّرُ مرةً عندما قلتُ لِشمس: "تسكن بداخلي إناث كثيرات، فأنا الفتاة المنكسرة والأنثى الحائرة والفتاة الخجولة التي تريد أنْ تختبئ مِنَ العالم والأنثى الشجاعة التي وقفت أمام أنياب الظُّلم دفاعاً عَنِ الحقِّ، أنا المرأة المعطاءة التي أحترمها كثيراً، والفتاة الطائشة التي تريد انتباه العالم. لا أدري يا شمسُ مَنْ أنا، فأنا تائهة بين شخصياتي وتجارُبي والأصوات الكثيرة التي تتحدَّثُ بداخِلي. فقالت لي: "لماذا يجب عليكِ أنْ تكوني شخصاً واحداً؟ أنتِ كل هؤلاء الشخصيات، وكلها جوانب بداخِلِك، والجريمة الوحيدة التي ارتكبتِها في حقِّ كل هذه النسخ السابقة منكِ هو أنَّك أخفَيتِها لتدمجي نفسك في المجتمع".

أنتِ مُحِقَّةٌ يا شمس، أنا كل هؤلاء النساء؛ أنا الفتاة الساذجة التي تؤمن بقصص الحب وتهوى الروايات ذات النهايات السعيدة، وأنا البالغة الراشدة التي تتَّخِذ قرارات غبية أحياناً، وستظلُّ تفعل ذلك، ولن أبرر لنَفسي أخطائي ولن

أجلِدَها أيضاً. ولكنني سأجاهدها وأقومها ولن أشكرها على فعل الصواب، ولكنني لن أُحقِّر مِنْ أيِّ شيءٍ جميل تفعله مجدداً.

أودُّ أنْ أنهي هذه الرسالة بإحدى نصائحك يا شمس وهي: "عاملي نَفسَكِ كطفلٍ صغيرٍ تربيه، إنْ نهرتِه طوالَ الوقتِ سينفُر منكِ ولنْ يتعلَّم، وإنْ دلَّلتِه طوالَ الوقتِ سيصعُبُ عليكِ تقويمُه. تقبلي أخطاءك كما تتقبلين أخطاء طفل صغير وتصرين على تقويمه بدلًا من توبيخه وتفهمي أنه في بعض الأحيان لن يستطيع أحد مداواتك إلا نفسك كما لا يستطيع أحد إسكات الرضيع إلا أمه".

الإشراقة الثالثة

"فلينكسر قلبك مرة تلو الأخرى وإلا فكيف له أن ينفتح؟"

جلال الدين الرومي

اليوم 17 فبراير 2020 — هأنا يا شمس أنتظرك بفارغ الصبر فلقد مرَّ أكثر مِن سبعة أشهُرٍ على آخر لقاءٍ جمعنا في إسطنبول، ولكن هذه المرة أنتظرك في القاهرة، في وطني وبلادي، تحت شمسها الدافئة التي تحتضنني، وما بين أهلي وناسي الذين أشعر بالأمان بينهم وإن كنت لا أعرفهم. وها قد مرَّ عام على قرار كتابتي لرسائلنا، عام تقلَّبت فيه كأمواج بحر هائج ما بين أمان وفزع، ما بين النجاح والفشل وما بين مطاردة الحب والكفر بوجوده. عام آخر مِنَ الحرب على البقاء، عام آخر مِنَ التذبذب، ولكني أكتب هذا بابتسامة على وجهي وهي ابتسامة النجاة فلقد نجوت، نجوت من اليأس بالحب؛ ليس لأنني وجدته بل لأنني تصالحت مع حقيقية أنَّ كلَّ شيء في هذه الدنيا خُلِق بِقَدَر. لقد نجوتُ مِن معتقدات كثيرة خاطئة آمنت بها وكانت تُثقل روحي مثل احتياجي لاعتراف العالم بي، واحتياجي لإثبات قيمتي. تحررتُ مِنْ قيودِ الروح ونجوتُ بيقيني بالله عز وجل وبرحمته وعطفه على نفسي العاصية. نجوتُ أيضاً بمساعدتكِ

يا شمس. كنتُ أخشى أنْ أستسلم، ألَّا أقوى على إكمال ما بدأته، ولكني فعلتُ. شمس، أنا على أعتاب الفنجان الثالث وأنتِ لمْ تأتي بعدُ. هل أنتِ متأخِّرة أمْ أنا التي أتيت باكرة جدًّا مِن شدَّة اشتياقي إليك؟

هأنت أخيراً، كأنك كنتِ تستمعين إلى أفكاري. أحياناً أشكُّ أنَّ قلَمِي وورقتي يعملان جاسوسين لديك. تأتين دائماً على عِلمٍ بما يقولانه، حتى وإنْ لَمْ أَبُحْ بِه.

شمس: هاتِ ما عندكِ، كيف صرتِ؟

أنا: صِرتُ بأمان، وصِرتُ بخير وأمل، وأظن أنكِ تستطيعين رؤية هذا الاختلاف، فلماذا تسألين؟ أهو سؤال استفهامي أم استنكاري؟

شمس: أنا سعيدة بأنكِ اكتسبتِ الخِبرة في فهم أسئلتي ولَمْ تعد تستثيرك كما كانَتْ في الماضي، لأنه حقاً سؤال استنكاري، ومغزاه هو أنْ أُريكِ ما لَمْ تستطيعي رؤيته في الأعوام الماضية وهو النور، النور الذي يتخلَّل ما بين الشروخ التي اعتصَرَتْ قلبكِ ألماً عندما حدثت. رسائلكِ الأخيرة كلها اكتشافاتٍ ودروس جديدة عن الحياة لم تتعلميها مِنْ قبلُ، ولَمْ تكُن ستُتاحُ لكِ الفرصة لتتعلميها إنْ لَمْ تكوني قد كُسِرتِ وخُذِلتِ بهذا الشك، وحتى نفسكِ ما كنتِ تمكَّنتِ مِن فهمِها حتى ضاعتْ منكِ وثارَتْ

عليكِ وأجبرتكِ على تِلكَ المواجهة الدَّامية التي خرجتِ منها أكثر تصالحاً وسلاماً واتزاناً.

الأقدار لا تظلمنا يا رغدة، الأقدار تحمينا وتعلِّمُنا وتُنيرُنا، ولَمْ تُخلَق المِحَن لتعاقب البشر، فلو أراد الله سبحانه وتعالى أنْ يعاقبهم لخَسَف بِهِم الأرض، ولكنَّ الأقدارَ تأتي بالمِحَن لتُعَلِّمَنا دروساً عَن أنفُسِنا وعَنِ الآخرين، وبدونها سنظلُّ نكرِّر نفسَ الأخطاء، وتصبحُ حياتُنا دوَّامةً مِن الأخطاء والقرارات غير الصائبة، والمفاهيم المغلوطة التي لا تفيد فيجب، أنْ تصطدمي بمعتقداتك الخاطئة لتنكسر وتتصلَّح. ويجب أنْ تصطدمي بأشخاص في حياتك لتتركي مكاناً للشخصيات المناسبة لك لتكون جزءاً مِنَ الرِّحلة. ويجب أنْ تُشكِّكي في سبب الرحلة بالبحثِ الحقيقي، وتجِدي الهدَف والمعنى الحقيقي مِنَ الرحلة. وكانَ يجب أنْ تنكسِري مِنَ الحب وتتداوي بالحب أيضاً لتفهميه أكثر وتفهمي أنه لا يقتصر على نوع واحد من الحب، وكان يجب أنْ تشعري بالخطر على عائلتك لتقتربي منها أكثر وتفهميها قبلَ فواتِ الأوان.

لَمْ تكُن أولوياتكِ التي تضيِّعينَ عليها وقتكِ ومجهودكِ مرتَّبةً بالشَّكلِ الصحيح، ولَمْ يكن باستطاعتكِ استيعاب ذلك حتى تصطدمي بالواقع. كنتِ تظنين أنَّ إثباتَ الذاتِ في المؤسساتِ

التي تعملين بها هو الأولوية الأولى وبعدها تأتي ذاتكِ وعائلتكِ وما تريدين تحقيقَه في الحياةِ دون ذلك. كنتِ تظنين أنَّ وجود الأشخاص في الحياة يقاسُ بالكثرة وليس بالمواقف فازدحمَتْ حياتُك بالكثير مِنَ الأرواح التي لَم يُقدَّر لها أنْ تكون جزءاً مِنْ رحلتكِ، وكانتْ تؤذيكِ وتؤلمكِ. وعندما تمَّ ضربكِ في أولويتكِ الأولى ومرَّ عام كامل على محاولاتك غير الناجحة، استوعبتِ أنها لمْ تكن أهمَّ شيء في حياتك بل إنَّ وقتكِ مع عائلتكِ والأشخاص الذين تحبينهم أهمُّ. كتابتكِ لرسائلنا أهمُّ؛ لأنها فعلاً ما تريدين فِعلَه وما تحبينه. الحفاظُ على صحتكِ النفسيةِ والجسديةِ أهمُّ مِنَ الدخولِ في حروب كثيرة لا جدوى منها، ولمْ تكن قطُّ حروبك.

أنا: نعم يا شمس، تعلَّمتُ أنه ليس مِنَ المفترض أنْ أخوض أيَّ حربٍ لأنها فُرضَتْ عليَّ، وتعلمتُ أنَّ السعادة ليست في أنْ أعيش حياة أنا محورها، بل في أنْ أُساعد غيري وأرسم البهجة على وجوههم أينما وحينما استطعتُ. تعلمتُ أنَّ استعجالَ الحبِّ لن يفيد، بل سيعطِّله أكثر. تعلَّمتُ أنَّ الحب لا يأتي بخطة أو بإقناع الذاتِ، بل يفرض نفسه عليكِ في اللحظة المناسبة، وفي المكان المناسب. تعلمتُ أنْ أُحبَّني كما أنا بعيوبي وميزاتي. سامحتُ نفسي على أخطائي وعاهدتُّ نفسي أنْ أحاول جاهدة عدمَ الوقوع فيها مجدداً. تعلمتُ أنَّ الأمان ليس في أماكن معينة

بل في وجود أشخاص معينين. تعلمتُ أنَّ الكِبْرَ هو عدو الإنسان الأكبر، فأصبحتُ أبادر بالصلح والاعتذار وبالتعبير عن الحب لأنني أيقنتُ أنَّ وجود مَن أحبهم بجانبي أهمُّ بكثير مِنَ الكِبْرِ، وأهم بكثير مِن إثبات مَنْ هو على خطأ، ومَنْ هو على صواب. تعلَّمتُ أنَّ مَنْ يطلب المساعدة ليس ضعيفاً، بل قويٌّ، فمِنَ القوَّة أنْ توقِن أنكَ لستَ قوياً طوال الوقت. القوة هي أنْ تعترِف بلحظاتِ ضعفك وأنْ تذهب بنفسكِ لطلب المساعدة. ونعم يا شمس، لم أكن لأتعلَّم كل هذا لولا هذه الانهزامات والحروب التي خضتها وأنا شاكرة لكل هذه الانكسارات؛ لأنَّ دفء النور الذي تسلل إلى روحي مِنْ بين طيات هذه الانكسارات داواني وأنار الجوانب المظلمة في روحي فلم أعُدْ أسير في الظلام كما كنتُ، فعلى الأقل هناك الآن بعض الدهاليز المستنيرة في روحي التي قد ألجأ إليها عندما تهبُّ عاصفة أخرى من الانكسار والألم. وتعلَّمتُ أنَّ الألم جزء مِنَ الحياة وعلينا أنْ نتقبله ونتعايش معه، فإنْ لَمْ نعِشْه سيعيشنا ويسلبنا إرادتنا.

شمس: من وجهة نظري إنَّ أهمَّ درس تعلَّمتِه هو قيمة "الانتماء"، ولا أقصِدُ الانتماءَ لوطنٍ أو حِزبٍ، بل الانتماءُ لمجموعة مِن الأشخاص يحزنهم ما يحزنكِ ويسعدهم ما يسعدكِ، فلقد تعلَّمتِ أنكِ إنْ كسبتِ هذا الانتماء فليس هناك

ما تخسرينه حقاً، وليس هناك ما تخشينه، فالألم سيظل في الرحلة، والفقد سيظل الشَّبح الذي يطاردنا ويعكِّر صفو حياتنا، ولكننا لن نستطيع أبداً التغلُّب عليه ويجب علينا التصالح مَع ضعفِنا أمامه. ولكن ما يهوِّن هذه الرحلة الموحِشَة هو وجودُ أشخاص نفزع إليهم في آخرِ اليوم ونبكي بينهم ونعبِّر عَنْ ضعفنا وخوفنا، أشخاص نشعر بالقوة عندما نسمع أصواتهم في الغربة، أشخاص يمنحوننا الشجاعة لمواجهة العالم، ليس لأنهم أقوياء بل لأننا نعلم أنهم سيساندوننا مهما حدث. الشعور بأنكِ لستِ وحدكِ في هذا العالم الغريب والقاسي هو أهمُّ نعمة، ويجب أنْ تكوني شاكرة لها. تمادى الغرب في الترويج لمفهوم الاستقلالية فأصبحوا يروجون للوحدة بدلاً مِنَ الاستقلالية، وأصبح البشر تعساء وزادَتْ نسبة الانتحار في العالم؛ فالبشر لَمْ يُخلقوا ليواجهوا هذا العالم بمفردهم، بل خُلِقوا معاً في أرض واحدة ليصاحبوا بعضهم بعضاً، لأنَّ الله سبحانه وتعالى يعلَمُ أننا لا نقوى على هذه الغربة والبلاء بمفردِنا، وأننا يجبُ أنْ نَجِد مَن يؤازرنا في التغلُّب على مصاعب الحياة "ولنشد عضدك بأخيك".. "وجعلناكم شعوباً وقبائل لتعارفوا"، فتمسَّكي بكلِّ مَنْ تُحبِّين، وقدِّري هذه النعمة، ولا تثقي بالوقت فهو لصٌّ قاتل قد يغدر بنا في أية لحظة. الوقت

هو العملة الوحيدة التي يتمُّ صرفُها مرة واحدة، وإنْ ضاعَت لا يمكن استرجاعها أو استبدالها، فاستخدميه في الأشياء التي تُعدُّ ذاتَ قيمة لروحك. إذا كانَ لديكِ مَنْ تجتمعين معهم على طاولة واحدة لتشاركيهم تفاصيل يومك، إذا كان في هاتفك رقم شخص واحد تستطيعين محادثته في أي وقت وسيردُّ عليكِ وسيسمَعكِ بدون أنْ يَمَل، إذا كان لديكِ شخص تهربين إليه وتبكين وتحكين ألمك وكوابيسك وأخطر أسرارك بدون أنْ تخافي أنْ يَحْكُم عليكِ أو أنْ يفشي أسرارك فلقد غنِمتِ وكسبتِ للأبَد، ومهما ضاع منكِ مِنْ أشياء فلن تكون لها قيمة أمام مكاسبكِ.

يبكي الأشخاص على فقدانِ أشياء لمْ تكن يوماً ثمينة، ويستنزفون قوَّتهم في الحزن عليها بينما هم يمتلكون ما هو ثمين ولا يعوض، وهذا في رأيي هو أثمن درس تعلَّمتِه، فلقد بكيتِ على كثير من الأشياء التي تعوَّض. ركَّزتِ الكثير من طاقتكِ في الحزن على أشياء، الأمر الذي حرمك من رؤية النِّعم التي أنتِ فيها، فأنتِ لديكِ الذي إنْ ضاع ستكون حياتُكَ بلا قيمة ولا طعم. مَنْ نحب هُمْ أثمنُ ما نمتلك، العائلة، الأصدقاء المخلصون، أحباؤنا. الأشخاص الذين تسكُنُ إليهم أرواحنا هم الوحيدون الذين يستحقُّون الحزن والبكاء وما دون ذلك هي مكاسبُ ومخاسِر مؤقَّتة لا قيمة لها، ويستطيع البشر الحصول عليها

مجدداً. فلا تنشغلي بالبكاء على ما لا قيمة له، واستغلي وقتكِ
في الاستمتاع بما قيمة له قبل أنْ يزول.

الإشراقة الرابعة والأخيرة مؤقتاً

"هناك ينبوع بداخلك فلا تتجول بدلو فارغ"

جلال الدين الرومي

نبحث عن أنفسنا في كل مكان، في وجوه نصادفها، في رسائل نكتبها، في فناجين قهوة نأمل أنْ تسكن آلامنا وأنْ تخدِّر حيرتنا، في محادثات غير هادفة تشغلنا، وفي أوراق مبعثرة في غرفنا. نبحثُ عَن إجابات، نبحثُ عَن القوَّة لمواجهة تلك المخاوف التي تطاردنا ليلاً ونهاراً، نبحثُ عَن الشجاعة في التصالح مَع أنفُسِنا وماضينا وشركاء لنا في الرحلة خذلناهم وخذلونا. نبحثُ عن صوتٍ يهمس في آذاننا عندما ننظر في المرآة قائلاً: "أنا أسامحك وأتقبَّلُك، أنتَ تستحقُّ الحياة". وغالباً ما ننسى أنَّ كل ما نبحثُ عنه موجود بداخلنا وأننا أضعنا الكثير مِن الوقت في تشتيت أنفسنا عن الحصول عليه لأننا لَمْ نمتلك الشجاعة لمواجهة أنفسنا.

شمس هي أنا وأنا شمس. كانت بداخلي طوال هذا الوقت، كانت الإجابات كلها بداخلي وكان الأمل بداخلي ولكني لَمْ أرَها في زحمة الألَمْ والكسر. كل لعنة ظننتُ أنها أصابتني كانت في الأساس طوق نجاة ينتشلني، وكل شيء فقدته لَم يكن لي مِنَ

البداية وما كان لي عادَ لي في هيئة أخرى أجملُ وأحلى بكثير مِنَ الهيئة التي فقدتُه عليها. كل محنة مررتُ بها كانت منحة وكانت درساً. ولكني لَمْ أستوعب أنَّ شمس الإنسان تُشرِق فقط عندما ينكَسِر، فيجب لروحك أنْ تنكسر ليدخلها نور الحكمة. لو لَمْ أُكسَر بهذا الشكل فإنَّ شمس روحي ما كانت ستشرق أبداً. لو لَمْ أفقِد أمي في سن باكرة ما كنتُ سأتعلَّم قيمة الوقت والحب، لو لَمْ أتعرَّض لكل هذه الصدمات ما كانت روحي ستتواضع وما كنتُ سأقدِّر قيمة السعادة بأبسط الأشياء، وما كنت سأحمد الله على يوم عادي مرَّ بسلام. كنتُ سأضيّع المزيد مِنَ الوقت في البحث عَنْ أشياء لا قيمة لها. لو لَمْ أُكسَر بهذا الشكل ما كانت ستُخلَق بداخلي شمس تبزغ كل حين لتحادثني وترشدني. كل الإجابات في داخلنا.

إلى أصدقائي المنكسرين الذين أعرفهم منكم والذين لا أعرفهم. إلى كل الأرواح الباحثة الثائرة، إلى تلك القلوب الصامتة والتي تتجول وبداخلها حزن كبير يثقلها ويبطئ أنفاسها، لكل مَنْ خُذلوا، لكل مَن فقَدوا، لكل مَن يئسوا، لكل مَن عاقبتهم الحياة على طيبة قلوبهم أو سذاجة طباعهم، إلى أصدقائي المختلفين الذين نشؤوا ولَمْ يجدوا لأنفسهم مكاناً بين القطيع.

إليكم أصدقائي أكتبُ رسائلي والتي لا أعلم إنْ كانت جيّدة بالقَدرِ الكافي لتَخرُجَ إلى العالم أمْ لا، ولكنني كتَبتُها على كل حال، كتبتها على أمل أنْ تساعد أحداً مِنكُم، وبأحدٍ أقصِدُ إنساناً واحداً لا أطمَعُ في أكثر مِنْ ذلك. أطمعُ بأنْ تشعِركُم رسائلي بأنَّكم لستُم وحدَكم في هذا العالم، وأنَّ الحربَ التي تخوضونها هي حربُنا جميعاً. أكتبُ لأبشِّركم بالخلاص والأمل لأنه موجود بداخلكم فابحثوا عنه. أكتبُ لأحثَّكم على الثبات وعدم الاستسلام، لا تتبدلوا، لا تتغيروا، لا تسمحوا لقلوبكم بأنْ تقسو فهي الشمس الدافئة التي تُشعِرُ الناس بالألفة في هذا العالم الموحِش القاسي. لا تتغيروا بل تأقلموا، تعلموا، وتعايشوا، واسمحوا لنوركم بالسطوع، لا تخافوا مِنَ الظلام، فنوركم كفيل بأنْ يُجبِره على التلاشي. لا تخفوا اختلافاتكم وهوياتكم، بل دعوها تنير ظلمة هذا العالم، ساعدوا القطيع على النهوض مِنْ سُبَاته مِن خلال يقظة أرواحكم.

أصدقائي.. لستُم وحدَكم، وسنصير يوماً ما نريد، وسنجدُ ما نهوى، وسنجدُ دائماً قلوباً تنيرنا وتطمئننا.

شمسكم بداخلكم مخبَّأة خلفَ الفقد، خلفَ الكَسْرِ، خلفَ اليأس، خلفَ الانهزام، خلفَ الألم، تنتظركم لتسمحوا لها بالإشراق، أنْ تسمحوا لها بالمرور، أنْ تسمحوا لها بأنْ تشرح

لكم المغزى مِنْ كل ما مررتم به، لأنني على يقين بأنه لَمْ يكن سهلاً، ولكنني على يقين أنه أيضاً كان في صالحكم.

وأُنهي رسالتي بأمنية لكلِّ روح فيكم أنْ تجدَ شمسها في زحام الخُذلان، وأنْ تجدَ نورها ما بين الظلام الحالك الذي يصيب أرواحنا عندما نشعر بالخيبة. أتمنى دائماً أن نجد من يقول لنا إن في هذه الحياة ما يستحق الحياة، وأننا نستحق الحب والسعادة، وإنْ لَمْ تَجِدْ مَنْ يقول لك ذلك فقِفْ أمام مرآتك وقلها لنفسك، وعندما تصدِّقها وتؤمن بها وتؤمن باستحقاقك للحياة والحب والسعادة ستجدك السعادة وسيجدك الحب بأكثر الطرق الغريبة والمستحيلة. آمنوا بالمعجزاتِ لأنها تحدث كل يوم. تصبحون على إشراق.

رسائلنا